Mut und Stärke durch Fantasiereisen

Andrea Christiansen

Mut und Stärke
durch Fantasiereisen

**Mit dem Zauberbären
mehr Selbstvertrauen für Kinder**

**Bei Urania bereits
erschienen:**

Joachim Armbrust
**Kinder bewältigen
ihre Angst**
So können Eltern helfen
ISBN 978-3-7831-6082-6

Dr. Jo-Jacqueline Eckardt
Mobbing bei Kindern
Erkennen, helfen, vorbeugen
ISBN 978-3-332-01787-8

Dr. Rolf Heiderich/
Gerhart Rohr
Ohne Angst in der Schule
Probleme erkennen und erfolgreich
überwinden
ISBN 978-3-332-02008-3

Sabine Pauli/
Andrea Kisch
Was ist los mit meinem Kind?
Bewegungsauffälligkeiten bei Kindern
ISBN 978-3-7831-6080-2

Jeanette Stark-Städele
**Spaß am Lernen –
erfolgreich in der Schule**
Wie Sie die Lernfähigkeit Ihres
Kindes fördern und stärken können
ISBN 978-3-7831-6056-7

Bibliografische Information der Deutschen Bibliothek
Die Deutsche Bibliothek verzeichnet diese Publikation in der
Deutschen Nationalbibliografie; detaillierte bibliografische
Daten sind im Internet über
http://dnb.ddb.de abrufbar.

© 2008 Urania Verlag
in der Verlag Kreuz GmbH
Postfach 80 06 69, 70506 Stuttgart

www.urania-verlag.de

Umschlaggestaltung: Behrend & Buchholz, Hamburg
Titelfoto: Stockbyte/Getty Images
Satz: Arnold & Domnick, Leipzig
Illustrationen: Beate Brömse, München
Druck: Westermann Druck Zwickau
Printed in Germany

ISBN 978-3-7831-6136-6

Inhalt

Vorwort 8

Wenn Kinder Sorgen haben 9

Mein Kind kennen und verstehen 10
  Beachten Sie die Zeichen 12

Was Kindern Sorgen macht 13
  Spielend sein Herz ausschütten 14

Vorbeugen ist besser als heilen 14
  Die Magie der Rituale 15
  Rituale als Orientierungsrahmen 16
  Locker bleiben! 19

Schule und Hausaufgaben – immer ein Problem? 19
  Richtig organisiert = entspannt lernen 20
  Auch Pausen sind wichtig 21

Was Ihr Kind wirklich braucht 22
  Kinder wissen, was sie brauchen 23

Fantasiereisen –
ein zauberhafter Weg zu Gelassenheit und Glück 25

Fantasiereisen der Kinder 26
  So werden Fantasiereisen ausgeführt 26

Der Zauberbär besucht die Eltern 28
  Unerwarteter Besuch – eine Fantasiereise für Erwachsene . . 28

Fantasiereisen mit dem Zauberbären **33**

Bärlin baut mir ein Lichtzelt (*Entspannung und Stärke*) 34

Die Brücke über den Fluss der 1000 Ängstlichkeiten
(*Mehr Mut*) 40

Im Zaubergarten (*Liebe und Geborgenheit*) 46

Wir packen ein Paket
(*Ängste abgeben, Freude und Glück aufnehmen*) 51

Der magische Steinkreis
(*Eigene Fähigkeiten und Selbstvertrauen stärken*) 56

Die Quelle in meiner Mitte (*Ruhe und Vertrauen*) 61

Durch das Labyrinth (*Zuversicht*) 66

Muscheln am Strand (*Eigenschaften verändern*) 72

Im Zauberwald (*Ruhe und Sicherheit*) 77

Die Schule im Bärenwald (*Kreatives Lernen*) 84

Im Reich der Delfine (*Zeit zaubern, loslassen*) 91

Das Fest der Bären (*Ernährung für starke Bärenkinder*) 97

Auf der Wunderwiese
(*Ein Gefühl für Stärke und Schwäche entwickeln*) 102

Der Herzdiamant (*Den eigenen Wert erkennen*) 108

Der Garten der Begegnung
(*Verlust und Sehnsucht mildern*) 114

Übungen für mehr Mut und Stärke 119

Hu-Atmung (Utthita-Lolasana-Variation) 120

Yogaübung »Der Schwamm« zur Entspannung 120

Mutmachübungen 122

Die Zauberkreisübung des Zauberbären 124

Literatur zum Weiterlesen 128

Vorwort

Liebe Eltern,

Kinder sind fantasievolle Wesen. Je nach Alter leben sie mehr oder weniger in fantastischen Welten. So ist es für Bärlin, den Zauberbären, leicht, auch Ihr Kind mitzunehmen in eine ferne Welt, um dort auf kreative Weise die Sorgen und Nöte Ihres Kindes zu lösen.

Doch genauso wichtig wie diese Reisen mit dem Zauberbären sind Informationen, die es den Eltern ermöglichen, ihr Kind besser zu verstehen und frühzeitig mögliche emotionale Belastungen zu erkennen.

Darum bietet Ihnen dieses Buch beides. Die Erfahrungen aus meiner Praxis haben mir gezeigt, dass ein größtmögliches Wissen um die Gedanken- und Gefühlswelt unserer Kinder uns zu einem harmonischen und glücklichen Miteinander führt, Vertrauen schafft und auf diese Weise Probleme vermieden werden. Dabei sollen die Kinder nicht ausgefragt werden. Die Berücksichtigung ihrer Privatsphäre ist ein wichtiger Bestandteil des Vertrauens. Der Zauberbär ermöglicht es den Kindern, sich ihre Ängste und Sorgen einzugestehen und Lösungen zu finden, ohne direkt darüber sprechen zu müssen, wenn sie noch nicht bereit oder in der Lage dazu sind. Jede Fantasiereise ist daher für bestimmte Lebenssituationen konzipiert, in denen mehr Kraft, Mut, Stärke und Selbstvertrauen vonnöten ist.

Eine gute Reise mit dem Zauberbären wünscht Ihnen und Ihrem Kind

Andrea Christiansen

Wenn Kinder Sorgen haben

Die meisten Erwachsenen glauben, die Kindheit sei die schönste Zeit des Lebens. Rückblickend und mit den Erfahrungen des Erwachsenenlebens scheint dies so zu sein. Doch wer ehrlich ist, erkennt auch die Phasen seiner Kindheit an, in denen er nicht glücklich war, sondern voller Ängste und Sorgen. Und er weiß auch, dass die eigenen Eltern davon nicht immer etwas bemerkt haben. Umzug, Streit oder Trennung der Eltern, Schwierigkeiten in der Schule – es gibt viele Umstände, die ein Kind stark belasten können, besonders, wenn mehrere Dinge zusammentreffen.

Mein Kind kennen und verstehen

Jeder, der Kinder hat, möchte sie verstehen, um ihnen rechtzeitig und richtig zur Seite stehen zu können, wenn sie einmal Probleme haben. Dazu ist es nützlich, ein bisschen mehr über das innere Selbstbild eines Kindes und dessen Entwicklung zu erfahren. Nur wenn ich weiß, was in meinem Kind vorgeht, kann ich richtig reagieren.

Das innere Bild des Selbsts entwickelt sich durch die Beziehung zur Umwelt. Dies beginnt schon im Mutterleib. Lehnt eine werdende Mutter das Kind in ihrem Bauch ab, ist seine Einstellung zu sich selbst häufig von Anfang an deutlich negativer als bei Kindern, die nach einer gewünschten und harmonischen Schwangerschaft geboren werden.

»Werde ich geliebt, egal wie ich bin, oder muss ich für die Liebe etwas leisten?«, ist die Frage, die Kinder im Laufe ihrer Entwicklung immer wieder überprüfen. Dabei haben sie im Kleinkind- und Kindergartenalter noch keine sichere Erkenntnis darüber, wer sie sind. Nach der Auflösung der »Wir-Einheit« zwischen Mutter und Säugling zum »Ich« und »Du« muss das Kind erst herausfinden, was genau dieses »Ich« eigentlich ist. Es vermischt Traum, Fantasie und Realität. Es ist Ritter, Indianer, Prinzessin, Frosch, Katze oder Pferd. Seine Welt ist voller Zauber und Magie. Sein Leitsatz ist: »Ich bin das, was ich mir vorstelle.«

Ein Kind muss sein Selbst-Bewusstsein erst entwickeln.

Die Beziehung zur Welt der Erwachsenen setzt dieser Fantasiewelt immer wieder Grenzen, genau so wie das Kind immer wieder erfährt, dass das »Ich« noch etwas anderes ist als der Ritter oder die Prinzessin.

Bei einigen Kindern ist dieser Prozess mit dem Eintritt in die Schule noch nicht vollständig abgeschlossen. Häufig ist dies bei Jungen der Fall. Ist das Kind bei seinen fantasievollen Rollenspielen auf der Seite der »Guten« und der »Gewinner«, ohne dies im Spiel mit anderen zu erzwingen, ist sein Selbstbild positiv. Neigt es zu Aggressivität, ist es der »böse Rächer«, zerstört mehr, als dass es spielt, oder zerstört gar die Spiele anderer, ohne sich am Spiel beteiligen zu wollen, ist die Wahrscheinlichkeit groß, dass es sich ungeliebt und abgelehnt fühlt, jedoch keinen Ausweg in ein anderes Verhalten findet. Das aggressive Verhalten, welches Ablehnung herausfordert, ist nichts anderes als ein Schrei nach Hilfe und nach Liebe.

Das Gleiche gilt, wenn ein Kind immer sehr gleichmütig und freundlich ist, aber nie wirkliches Interesse an einer Sache zeigt. Es macht eben das, was von ihm verlangt wird, erregt nie Aufmerksamkeit, ist nie Anstoß von Streit. Es wirkt umgänglich und unkompliziert, ist in Wirklichkeit aber in einer hilflosen Resignation gefangen.

Kommt das Kind in die Schule, hat es in der Regel eine gesunde Trennungsfähigkeit entwickelt. Sein Selbstbild orientiert sich jetzt am Vergleich mit anderen. Sein Leitsatz lautet nun: »Ich bin das, was ich kann.« Findet sich ein Kind nun plötzlich in einer Situation wieder, in welcher die Rückmeldungen negativ sind, z. B. weil es Probleme mit dem Lesen und Schreiben hat, kann sich dies auf sein Selbstbild negativ prägend auswirken. »Ich kann nicht lesen = ich bin schlecht = ich bin nicht liebenswert.« Gerade Kinder, die unter Legasthenie (angeborene Lese- bzw. Schreib-Schwäche) oder Dyskalkulie (angeborene Rechenschwäche) leiden, brauchen jetzt großen Rückhalt in der Familie. Es ist wichtig, sie aufzufangen und immer wieder auf eine für sie verständliche Art zu vermitteln, dass sie geliebt werden, wie sie sind.

Kinder brauchen das Wissen, dass sie geliebt werden, so wie sie sind.

Es ist nicht immer leicht herauszufinden, woran ein Kind die Liebe seiner Eltern misst. In der Regel ist es das Maß an Zuwendung und Aufmerksamkeit, nicht die Menge der materiellen Geschenke.

Verändert ein Kind im Laufe der ersten Schuljahre, bei Veränderungen in der Familie oder aber aus einem für die Eltern nicht erkennbaren Grund sein natürliches, bisher vorherrschendes Verhalten, ist die Wahrscheinlichkeit groß, dass es Sorgen hat.

Nicht immer ist diese Verhaltensänderung auffällig. Gerade bei einschleichenden Änderungen und scheinbar belanglosen Klagen können die Sorgen des Kindes übersehen werden.

Beachten Sie die Zeichen

Folgende Anzeichen können Ihnen helfen, Sorgen oder Ängste Ihres Kindes rechtzeitig zu erkennen:

Jeder hat mal einen schlechten Tag, auch Kinder. Sollte sich das Verhalten Ihres Kindes aber über Tage verändern, versuchen Sie herauszufinden, ob es Sorgen hat.

Ein sonst lebhaftes und fröhliches Kind wird still und in sich gekehrt,
- es verliert die Lust am Spielen,
- es mag sich nur ungern von der Mutter trennen (Klammeräffchen),
- es zeigt plötzlich überschießende Gefühle (Tränen, Wutausbrüche),
- es schläft schlecht,
- es isst ungewöhnlich viel oder deutlich weniger,
- es kann sich schlecht konzentrieren,
- es will seine Freunde nicht mehr treffen oder streitet sich nur noch,
- es wirkt müde und antriebslos,
- es erzählt nichts mehr, alles ist ihm egal.

Dies sind nur einige Hinweise, die anzeigen können, dass Ihr Kind Sorgen hat. Natürlich hat jeder mal einen Tag, an dem er sich lustlos fühlt oder einfach mal allein sein möchte. Das gilt auch für Ihr Kind. Es bedeutet nicht, dass da ein Problem versteckt ist. Doch sollte Ihr Kind über mehr als zwei oder drei Tage ein anderes als das gewohnte Verhalten zeigen, dann empfehle ich, gefühlvoll und mit Respekt für die kindliche Privatsphäre nachzuhaken.

Was Kindern Sorgen macht

Es gibt in der Welt von Kindern eine Menge Dinge, die ihnen
Sorgen oder Ängste bereiten können. Je nachdem wie sensibel
ein Kind ist, wird es mehr oder weniger stark davon betroffen.
Viele Kinder leiden unter Unstimmigkeiten zwischen ihren
Eltern. Kinder haben ein feines Gespür dafür, dass etwas nicht
stimmt, selbst wenn die Eltern nicht offen vor den Kindern
streiten. Sie spüren die Störung in der Harmonie und fühlen sich
verunsichert, besonders wenn die Eltern so tun, als sei alles in
Ordnung. Besser ist es, Streit (in einem fairen Umgang miteinander) und Versöhnung offen zu zeigen, denn auch Kinder streiten
sich. Dass daraus nicht immer sofort eine Trennung entstehen
muss, können sie aus positiver Erfahrung lernen. Wenn es in der
Beziehung zu Ihrem Partner kriselt, verunsichern Sie Ihr Kind
nicht durch eine Lüge. Sagen Sie: »Mami und Papi haben sich
gestritten. Das kommt vor, so wie du dich mit deinem Freund
auch mal streitest. Wir vertragen uns auch wieder.«

Kinder haben oft »Antennen« dafür, wenn es in der Beziehung ihrer Eltern kriselt.

Kommt es dennoch zu einer Trennung, ist es wichtig, dass das
Kind erfährt, dass es immer noch von beiden Elternteilen geliebt
wird. Erklären Sie, so gut es Ihnen möglich ist, dass Erwachsene
leider nicht immer alle Probleme lösen können, dass dies aber in
der Verantwortung der Erwachsenen liegt und das Kind keine
Schuld daran trägt. Kinder glauben erstaunlich oft, sie wären
der Grund für eine Trennung, besonders, wenn es im Vorfeld
Schwierigkeiten gegeben hat.
Auch ein Wohnungswechsel, der Schulanfang, eine neue Schule,
ein neues Geschwisterchen, der Tod der Großeltern, eines
Haustiers oder generell Veränderungen in den bisherigen ge-
wohnten Lebensumständen können Ängste auslösen. Versuchen
Sie, Ihrem Kind durch die Übernahme von bekannten Alltags-
ritualen eine neue Stabilität zu geben. Nehmen Sie sich Zeit
zum Zuhören, auch wenn Sie eigentlich müde sind. Je nach
Alter ist es einem Kind nicht möglich, Dinge, die es erzählen

will, aufzuschieben. Es lebt im Hier und Jetzt und braucht deshalb auch in diesem engen Zeitrahmen ein offenes Ohr.

Spielend sein Herz ausschütten

Kindern fällt es oft schwer, von ihren Sorgen und Nöten zu erzählen. Auf direkte Fragen mögen sie nicht gerne antworten. Viel einfacher ist es, in einem Spiel Antworten zu bekommen auf die Frage: »Was bedrückt dich?« Der Lieblingsteddy oder die Lieblingspuppe kann dann stellvertretend erzählen. Auf diese Weise fühlt sich Ihr Kind nicht so unmittelbar betroffen. Es kreiert sich eine Art »Nebenleben« in der Puppe oder dem Teddy, die dann als Sprachrohr dienen. Sie kennen doch bestimmt die Situation, in der der Teddy fragt: »Bekomme ich ein Eis?«, weil das Kind nicht selbst fragen mag, da es vielleicht schon eines hatte.
Wenn Sie den Eindruck haben, Ihr Kind hat Schwierigkeiten mit anderen Menschen, z. B. einem anderen Familienmitglied, einem Freund oder in der Schule, dann entwickeln Sie Spielszenen dazu. So können Sie erfahren, was los ist. Wenn also die Puppe den Teddy haut und sagt: »Immer nimmst du mir alles weg und lässt Mama glauben, dass ich den Streit anfange«, könnte das ein Hinweis auf Konflikte mit dem Bruder oder der Schwester sein.

Kindern fällt es leichter, im Spiel von ihren Sorgen zu berichten.

Vorbeugen ist besser als heilen

Wie überall ist es besser, Vorsorge zu treffen, damit sich Ihr Kind gesund und stark entwickeln kann. Im Prinzip ist das gar nicht so schwer. Es gehört jedoch etwas Disziplin dazu, nicht nur auf Seiten des Kindes, sondern ganz besonders auf Seiten der Eltern. Mit Disziplin meine ich nicht das Einhalten starrer Regeln. Viel wichtiger ist die Einhaltung eines geregelten Tagesablaufes und

Konsequenz in der Richtung der Verhaltensgebote. Ich spreche hier ganz bewusst von Geboten und nicht von Verboten. Gebote geben Regeln des Zusammenlebens an und gelten für alle Familienmitglieder. Verbote sollten möglichst als Gebote formuliert werden. Nur so kann Opposition vermieden werden. Wenn ein Kind aber an einem Tag gerügt wird, am anderen Tag für die gleiche Handlung keine Reaktion erfährt, wird es verunsichert. Es wird Reaktionen provozieren – durch das Brechen der Gebote. Die Konflikte sind damit vorprogrammiert.

Genauso verhält es sich mit unregelmäßigen Tagesrhythmen. Das Kind hat kein »Orientierungsgerüst«. Dies benötigt es aber, um überhaupt das Zeitgefühl zu erlernen. Ein kleines Kind kennt den Zeitbegriff eines Erwachsenen nicht. Es kennt nur das Jetzt. Vergangenheit und Gegenwart sind abstrakt. Es entwickelt erst später ein Gefühl und Verständnis dafür. Doch um sich in seinem Jetzt zu orientieren, sind regelmäßige Handlungsabläufe wichtig. Denn wenn die Schulzeit beginnt, wird von einem Kind ein Zeitgefühl erwartet, obwohl manche Kinder erst nach dem achten Lebensjahr darin sicher werden.

Beugen Sie also inneren Unsicherheiten bei Ihrem Kind vor. Nutzen Sie dazu die Magie der Rituale.

> **Ein geregelter Tagesablauf bietet dem Kind ein »Orientierungsgerüst«.**

Die Magie der Rituale

Der Mensch ist ein rhythmisches Wesen. Für ein stabiles mentales Gleichgewicht ist es wichtig, diesem inneren Bedürfnis nach Rhythmus Rechnung zu tragen.

In Gesellschaftsformen, die bis jetzt nicht von den Zwängen der modernen Industriegesellschaft geprägt sind, können sich Mutter und Kind noch aufeinander einstellen, ihren natürlichen Rhythmus miteinander finden. Die Mutter trägt das Kind die meiste Zeit des Tages bei sich, auf dem Rücken oder vor dem Bauch. Das Kind erfährt Nähe und Geborgenheit. Die Mutter darf ihre

Ruhe- und Schlafzeiten mit denen des Kindes verbinden. Es stellt sich ein Miteinander ein, welches dem Kind ein Gefühl der Sicherheit vermittelt und der Mutter die Möglichkeit gibt, ihre Kräfte nach ihren Bedürfnissen wieder aufzubauen. Darüber hinaus entwickelt die Mutter ein sicheres Gefühl dafür, was sie ihrem Kind zumuten kann, und erkennt, in welchem Maße ihr Kind auf sie und ihre Bedürfnisse Rücksicht nehmen kann.

In unserer Industriegesellschaft wird diese Beziehung von Anfang an durch falsche Erwartungen und starre Regeln gestört. Es wird noch immer auf vielen Entbindungsstationen nach Uhrzeit gestillt oder gefüttert. Mutter und Kind werden in einen Rhythmus gepresst, der nicht ihr eigener ist. Dies mag für den Stationsbetrieb eine Erleichterung sein, für die Beziehung zwischen Mutter und Kind ist es eine Belastung. Das Kind muss essen, wenn es gar nicht richtig hungrig ist, die Mutter muss zum Geben bereit sein, auch wenn sie gerade Zeit für sich braucht.

Mutter und Kind müssen ihren eigenen Rhythmus finden.

Fühlt sich die Mutter in solch einer Situation unter Druck gesetzt, wird dieser Druck vom Kind als Ablehnung wahrgenommen. Wenn Mutter und Kind ihren gemeinsamen Rhythmus frei von Reglementierungen finden dürfen, ist die innere Bereitschaft zum Miteinander viel größer und hält Belastungen besser stand. Solch ein Kind findet in sich Kraft und Sicherheit.

Rituale als Orientierungsrahmen

Doch nicht nur in der Zeit gleich nach der Geburt ist der Rhythmus von Bedeutung. Der gesamte Tagesablauf ist auf Regelmäßigkeit und Wiederholbarkeit eingerichtet. Das soll nicht bedeuten, Sie müssten auf die Uhr genau jeden Tag immer dasselbe tun. Nein, es bedeutet, dass bestimmte Handlungen immer in der gleichen Reihenfolge ablaufen und so einen Orientierungsrahmen darstellen.

Bestimmte Rituale helfen dem Kind, sich zurechtzufinden. Sie geben ihm Sicherheit. Es weiß genau, was von ihm erwartet wird, wenn es z. B. ein Zahnputzritual erlernt hat. Das kann so aussehen, dass die Mutter ein Lied oder eine Geschichte zum Zähneputzen singt oder liest. Oder sie putzt gemeinsam mit dem Kind und gibt damit gleich ein positives Beispiel. Am Mittag wird gemeinsam Pause gemacht.

Als meine Kinder mittags noch schliefen, habe ich mich auch immer hingelegt. Hausarbeit läuft nämlich nicht weg, Ruhezeiten können dagegen rar sein. Nachdem die Kinder mittags nicht mehr schlafen wollten, habe ich sie in ihr Zimmer gebracht und eine Eieruhr gestellt. Zuerst auf zehn Minuten, mit der Zeit immer länger. Dann habe ich gesagt: »Mama ist müde. Mama hat jetzt Pause. Wenn die Eieruhr klingelt, dürft ihr mich wecken.« Die Kinder waren damals ein und vier Jahre alt. Natürlich kamen sie zuerst früher angelaufen. Dann ging das Spiel von vorne los. Doch bald wussten sie, dass ich noch da bin, auf dem Sofa schlafe und wirklich beim Klingeln geweckt werden darf und möchte. Meine Freundinnen beneideten mich bald um diese Auszeit. Auch die Kinder können, wenn sie es wünschen, eine Pause machen oder sich mit den Hausaufgaben beschäftigen, ganz nach ihren Bedürfnissen. Der aufregende Vormittag findet einen Ruhepol im Ritual »Pause«. Diese Pause ist ein Stützpfeiler im Rahmen des Tages. Danach sind wir alle, Mutter und Kinder, wieder bereit, uns aufeinander einzulassen.

Auch »Pause« ist ein Ritual.

Ist der Tag dann zu Ende, ist Zeit für das Abendritual: essen, Vorbereitung für den Schlaf, ins Bett gehen. Dieser Tagesabschluss ist wichtig, um den Tag loszulassen und den Schlaf zu ermöglichen. Kinder, die sehr abrupt ins Bett geschickt werden, sind lange wach, leiden oft unter Einschlafstörungen oder stehen immer wieder auf.

Das Abendessen in der Familie sollte der Beginn des Abendrituals sein. Wenn ein Elternteil abends außer Haus arbeiten muss, sollte der andere Teil dieses Ritual durchführen. Nach einem ruhigen Essen ohne Fernsehen wird noch etwas erzählt, gespielt, vorgelesen und nach dem abendlichen Zahnputzritual ins Bett gegangen. Natürlich ist die Reihenfolge »waschen – spielen – vorlesen« beliebig.

Es ist völlig ohne Bedeutung, ob Sie täglich zur gleichen Zeit essen. Wichtig sind die Elemente des Tages, die als Stützpfeiler dienen. Sie haben den größten Wert, wenn sie aus den Bedürfnissen von Mutter und Kind entstanden sind, nicht nach Vorgaben aus Zeitschriften und von allwissenden Verwandten. Solch ein rhythmischer Tag gibt dem Kind Stabilität. Mancher mag befürchten, das Kind würde dadurch nicht flexibel sein, das trifft aber nicht zu. Ganz im Gegenteil, die innere Stabilität macht es deutlich fähiger, mit Veränderungen zurechtzukommen, ohne unter nervösen Störungen zu leiden.

Hoher Fernsehkonsum in frühem Alter kann sich auf die Entwicklung des Kindes auswirken.

Das Fernsehen

Das Fernsehen am Abend sollte vermieden werden. Kinder im Vorschulalter sollten in der Regel nicht länger als 30 Minuten und nur am Nachmittag ausgewählte Sendungen ansehen. Jüngere Kinder sollten gar kein Fernsehen anschauen. Untersuchungen, u. a. der Universität Ulm unter Prof. Dr. Manfred Spitzer, dazu zeigen, dass die Sprachentwicklung und die motorische Entwicklung genauso unter dem Fernsehkonsum leiden wie die psychische Entwicklung. Es prägen sich im Gehirn nur jene Dinge besonders gut ein, die über mehrere Sinne erfasst werden können, also Ohr, Auge, Nase und Tastsinn beschäftigen. Fernsehen ist dagegen eine, verglichen mit der wirklichen Welt, eindimensionale Erlebensform. In der Folge kommt es zu so genannten Teilleistungsstörungen und damit zu Schwierigkeiten in der Schule.

Locker bleiben!

Oft werden Rituale mit Zwängen unterlegt, was ihren Wert vernichtet. »Du musst jetzt Abendbrot essen« löst automatisch eine Opposition aus. Kommt dann noch der Aspekt Strafe hinzu, wird es kritisch. »Wenn du nicht isst, lese ich nicht vor«, ist ein Machtspiel, bei dem keiner gewinnen kann. Haben Sie immer Appetit? Wenn Ihr Kind mal nicht essen möchte, bieten Sie etwas zu trinken an, am besten warmes Wasser mit ein wenig Fruchtsaft. Das Kind trinkt, während die anderen essen. Manchmal kommt der Appetit beim Zusehen. Die Nahrungsaufnahme sollte nie mit Strafen in Verbindung stehen. So können Essstörungen vermieden werden. Das Ritual, dass nach dem Essen dran ist, findet auch statt, wenn das Kind nicht gegessen hat. Keine Sorge, es wird nicht verhungern. Das Kind erfährt aber die Sicherheit des Rituals, auch wenn dieses aus Sicht der Erwachsenen nicht ganz vollständig ist.

Es geht hier jedoch nicht um Erfüllungszwang, sondern um ein Mittel, dem Kind Sicherheit und Annahme zu vermitteln. In dieser Situation lernt das Kind: »Ich werde geliebt, auch wenn ich nicht essen mag.« Es darf also Fehler haben, ohne die Liebe der Eltern zu verlieren. Es wird frei sein von dem unseligen Glauben vieler, Liebe sei ein Lohn für Leistung und Wohlverhalten. Es kann ein gesundes Selbstbewusstsein entwickeln und seine Fehler anerkennen wie auch die Fehler anderer Menschen. Solch ein Kind neigt weniger zu Notlügen und ist eher bereit zu Vertrauen.

Rituale geben Kindern Sicherheit.

Schule und Hausaufgaben – immer ein Problem?

In vielen Familien ist der Nachmittag voller Frust. Darf erst gespielt werden oder müssen erst die Hausaufgaben erledigt sein? Vor kurzem kam eine Schülerin in meine Praxis, die mir unter Tränen sagte, sie sei völlig fertig. Es stellte sich heraus, dass die Mutter ständig vorschrieb und kontrollierte, wann sie welche Aufgaben erledigte und wann sie »etwas Nutzloses« tat. Die Worte der Mutter wirkten wie eine Peitsche, die ständige Überwachung war schlicht zermürbend. Ruhezeiten wurden mit Faulheit gleichgesetzt.

Die Schülerin wollte sich nach ihren persönlichen Bedürfnissen richten. Mit ihren 15 Jahren kannte sie diese gut. Sie wollte erst ruhen, dann lernen, dann wieder ruhen, um danach erneut zu lernen.

Übermäßige Kontrolle setzt Kinder unter Leistungsdruck.

Dies entsprach nicht den Vorstellungen der Mutter, die ihren Kindern genau vorschrieb, wann was zu tun sei, aus Angst, sie würden sonst in der Schule versagen. Das kam deutlich zutage, als die Mutter mit dem elfjährigen Bruder der Schülerin wegen einer Lernblockade zu mir kam. Das Problem war hausgemacht. Der Druck führte zu Versagensangst, bei dem Jungen ausgedrückt durch die Lernblockade, bei dem Mädchen durch Gereiztheit und Weinanfälle.

Ich bat die Mutter, ihren Kindern zu vertrauen und auf ihre Bedürfnisse zu achten. Nicht Kontrolle, sondern Liebe und Vertrauen verhindern Schulversagen. Leider glauben viele Mütter, ihr eigener Wert wird gemessen am Erfolg ihrer Kinder in der Schule. So müssen viele Kinder völlig unnötig unter Leistungsdruck und Liebesentzug bei mangelnder Leistung leiden.

Richtig organisiert = entspannt lernen

»Wie mache ich es denn richtig?«, werden Sie sich fragen. Nun, die Schule ist ein Ort, der das Kind nicht nur in geistigen Bereichen, sondern auch in sozialen fordert. Eine Zeit des Loslassens und Entspannens ist daher nach der Schule von großer Wichtigkeit. Kinder, die den Schulweg zu Fuß oder mit dem Rad bewältigen, finden dieses Loslassen schon hier. Sie können die Schulzeit noch einmal überdenken, sind in Bewegung, was für die Integration des Gelernten wichtig ist, und finden Abstand zur Schulwelt. Kinder, deren Mütter als Chauffeur fungieren und sie überall hinfahren und abholen, selbst wenn der Fußweg nur eine halbe Stunde betragen würde (eine gut zumutbare Zeit für den Schulweg), haben diese Möglichkeit nicht. Für sie ist eine extra Zeit zum Ausspannen z. B. nach dem Mittagessen wichtig. Erst dann können sie sich wieder auf die Hausaufgaben konzentrieren. In der Grundschule sollten Hausaufgaben eine Stunde nicht überschreiten. Braucht Ihr Kind regelmäßig länger, gilt es, sein Arbeitsverhalten anzusehen.

Zeigen Sie ihm, wie man strukturiert arbeitet. So kann es z. B. erst alles machen, was wenig Zeit fordert. Das verstärkt das Gefühl für Erfolg. Zum Schluss kommen die Dinge, die mehr Zeit brauchen.

Auch Pausen sind wichtig

Ebenso ist eine kleine Pause zwischendurch legitim und manchmal notwendig. Manche Kinder sind auch am Spätnachmittag noch konzentriert genug, um dann erst die Hausaufgaben zu machen. Sie können daher erst mit Freunden spielen gehen und danach lernen. Es gibt sogar Kinder, für die dieses Spielen so wichtig ist, dass sie ihre Hausaufgaben immer erst später machen können. Leider gibt es kein Schema, in das Sie Ihr Kind einteilen können. Sie müssen durch beobachten und probieren mit dem Kind selbst herausfinden, was richtig ist und Ihrem Kind guttut. Das freie Spielen ist für Grundschulkinder ein wichtiger Bestandteil des Tages. Daher sollten auch feste Termine wie Sportverein, therapeutische Maßnahmen etc. maximal nur zwei Nachmittage belegen. Leider werden heutzutage Kinder aufgrund des falschen Prestigedenkens der Eltern schon im Kindergartenalter unter Termindruck gesetzt. Es ist in manchen Kreisen chic, wenn das Kind schon mit vier Jahren zum Tennis, zum Reiten, zum Ballett, zum Fußball und zum fremdsprachigen Spielkreis geschleppt wird.

Durch beobachten und probieren finden Sie heraus, was für Ihr Kind das Beste ist.

Dabei bleibt die Entwicklung einer in sich ruhenden Persönlichkeit auf der Strecke.

Was Ihr Kind wirklich braucht

Das Einzige, was Ihr Kind wirklich braucht, ist die Aufmerksamkeit seiner wichtigsten Bezugspersonen, meistens der Eltern. Wird es älter und nabelt sich ab, wird auch das Bedürfnis nach dieser Aufmerksamkeit geringer. Doch es wird nie ganz verschwinden. Selbst ein Erwachsener wünscht zu gegebener Zeit die Aufmerksamkeit seiner Eltern als Bestätigung ihrer immerwährenden Liebe.

Jedes Kind hat individuelle Lern- und Spielrhythmen.

Geben Sie Ihrem Kind die Ruhezeiten, die es braucht. Zeigen Sie ihm, dass Sie es verstehen, weil auch Sie Ruhezeiten brauchen. Gemeinsamkeiten verbinden. Entdecken Sie gemeinsam die richtigen Lern- und Spielrhythmen, ganz egal, was Oma davon hält. Sie waren als Kind vielleicht ganz anders als Ihr Kind, hatten andere Bedürfnisse.

»Was aber mache ich, wenn der beste Freund immer erst lernt und dann spielt, bei uns aber genau das Gegenteil gut ist?« Diese Frage stellte mir eine Mutter vor einiger Zeit. Die beste Freundin ihrer Tochter machte immer erst die Hausaufgaben, dann durfte sie sich verabreden. Ihre Tochter brauchte aber viel Spielzeit, bevor sie wieder lernen konnte. Damit die Freundschaft erhalten bleibt, riet ich zu einem Kompromiss. Beide Mütter sollten sich darüber unterhalten, ob nicht jedes der Kinder an einem Tag in der Woche so lernen sollte wie die Freundin. Vorzugsweise an einem Tag mit wenigen Hausaufgaben. Selbst wenn dann nicht alles so gut klappt, entsteht kein Schaden und die Mädchen können an zwei Nachmittagen miteinander spielen. Eine starre Einhaltung der besten Lernzeiten könnte dagegen bald zu neuem Frust führen, weil ja das Bedürfnis nach Gemeinsamkeit mit der Freundin nicht befriedigt wird.

Wie Sie sehen, gibt es kein starres Richtig oder Falsch. Mein
ältester Sohn lernt besser gleich nach dem Mittagessen und trifft
sich danach mit seinen Freunden. Da ich ihm viel Spielraum in
seiner Zeiteinteilung lasse, damit er wenig Druck hat (als Legas-
theniker ist er sowie schon unter stärkerem Leistungsdruck als
andere Kinder), hat er sich zu einem ausgeglichenen und interes-
sierten Schüler entwickelt. Ich vertraue darauf, dass er alles zur
rechten Zeit erledigt. Er fühlt sich mit all seinen Schwierigkeiten
angenommen und wird für sein langsames Arbeitstempo nicht
bestraft. Wichtig ist dabei immer auch der Kontakt zu den Lehrern, damit auch hier Verständnis und Unterstützung gefördert
werden.

Kinder wissen, was sie brauchen

Leider vergessen Eltern oft, ihr Kind zu fragen, was ihm denn
besser gefallen oder den Schulalltag leichter machen würde. Sie
glauben, das Kind sei noch zu klein, um das wissen zu können.
Doch Kinder wissen genau, was sie brauchen. Sie wissen nur
nicht immer, wie sie es ausdrücken sollen. Manchmal ist es
daher der Teddy, der den entscheidenden Hinweis gibt. Wenn
der Teddy (oder die Puppe) sagt, er ist so traurig, weil die Schule
gar keinen Spaß macht, dann ist es Ihr Kind, das sich hier
mitteilt. Spielen Sie mit dem Teddy. Fragen Sie ihn, was er denn
so doof findet und wie er das ändern würde. Damit entwickelt
das Kind eine neue Richtung zu denken und eigene Lösungen
zu finden. Wenn es also Probleme mit den Spiel- und Lernzeiten
gibt, spielen Sie Schule mit dem Teddy. Weiß der Teddy, wann
er seine Hausaufgaben machen möchte, dann weiß es auch Ihr
Kind – und damit erfahren es auch Sie.

Unterstützung ist besser als Kontrolle.

Wenn Ihr Kind dazu neigt, Dingen, die es nicht mag, auszuweichen, ist es natürlich wichtig, seine Hausaufgaben zu begutach-
ten und darauf zu achten, dass alles erledigt wird. Gestalten

Sie dies aber bitte in einem Rahmen der Unterstützung, nicht der Kontrolle. Erzählen Sie Ihrem Kind, dass Sie es am besten beraten und bei schwierigen Aufgaben helfen können, wenn Sie genau wissen, was zu tun ist. Dazu ist ein Aufgabenheft sehr sinnvoll. In den meisten Klassen wird dies als Hausaufgaben- und Mitteilungsheft geführt. Lassen Sie das Kind erzählen, wie es die Aufgabenstellung verstanden hat. Bieten Sie an, bei

Nehmen Sie sich Zeit bei der Hilfe mit den Hausaufgaben.

Unklarheiten gemeinsam einen Schulfreund oder den Lehrer anzurufen und nachzufragen. Loben Sie klares und strukturiertes Arbeiten. Nehmen Sie sich Zeit für die Hausaufgaben und denken Sie daran, dass vieles heute anders gemacht wird als früher. Nicht Ihre Art der Aufgabenlösung ist gefragt, sondern die Ihres Kindes. Hat Ihr Kind eine Aufgabenstellung falsch verstanden, so bekommt es die nötige Rückmeldung in der Schule. Ein Kind, das sich zwischen den Anforderungen der Schule und denen der Eltern hin- und hergerissen fühlt, steht unweigerlich unter einem nicht zu lösenden Druck und Dilemma. Es kann es nur einer Seite recht machen und bekäme unweigerlich Schelte von der anderen Seite. Auch wenn Sie sicher meinen, Ihr Kind sei im Irrtum über die Aufgabenstellung, lassen Sie es diese so erledigen, wie es sie verstanden hat, und verzichten Sie auf Sätze wie: »Das hab ich dir doch gleich gesagt.« Das mochten Sie selbst als Kind schließlich auch nicht hören!

Wenn Ihr Kind öfter etwas nicht richtig versteht, sprechen Sie mit ihm darüber. Fragt es nicht nach? Oder formuliert der Lehrer in einer für Ihr Kind unverständlichen Art? Ein Gespräch mit dem Lehrer kann da Abhilfe schaffen, besonders, wenn der Lehrer weiß, dass die Art der Wahrnehmung hier von Bedeutung ist.

Fantasiereisen – ein zauberhafter Weg zu Gelassenheit und Glück

Kinder leben gerne in einer Fantasiewelt. Hier haben sie die Macht und die Fähigkeit, alles zu tun, was sie in ihrer Alltagswelt nicht tun können.

Die Spiele der Kinder sind oft nichts anderes als – Fantasiereisen. Und Fantasiereisen können ihnen helfen, wieder Kraft zu tanken und neuen Mut zu fassen.

Fantasiereisen der Kinder

Ob das Burgfräulein sich von einem Drachen retten lässt und so dem bösen Ritter entgeht (Drachen können sehr liebevolle Wesen sein) oder ob der Seeräuber in der Karibik (dem heimischen Garten) einen Schatz vergräbt und eine Schatzkarte zeichnet, mit fantasievollen Spielen üben und lernen Kinder, das Leben als Erwachsener zu meistern. Wer als Kapitän einer wilden Mannschaft gelernt hat, Streitigkeiten zu schlichten, wird dies auch als Erwachsener gut können. Wer als Gefangener in einem Burgverlies neue Möglichkeiten zur Flucht ersinnt und dabei einfallsreich vorgeht, wird für Probleme, die ihm als Erwachsener begegnen, auch kreative Lösungen finden.

Fantasiereisen im Ruhezustand sind genauso gut geeignet, die Fähigkeiten eines Kindes, Schwierigkeiten zu überwinden, zu schulen, wie das lebhafte Spiel.

Bärlin, der Zauberbär, nimmt Ihr Kind mit in seine magische Welt. Fantasievoll zeigt er neue Lösungswege, hilft Ängste zu überwinden und verborgene Fähigkeiten zu entdecken.

So werden Fantasiereisen ausgeführt

Wann Sie Ihrem Kind eine Fantasiereise vorlesen, hängt viel von Ihrem individuellen Tagesablauf ab. Am Nachmittag oder am Abend findet sich erfahrungsgemäß die beste Möglichkeit für eine Zeit der Ruhe. Auch direkt nach dem Mittagessen lässt sich mit einer Geschichte die Mittagspause gemütlich gestalten. Wichtig ist, dass beide, das Kind und Sie, innerlich die Ruhe und Bereitschaft für eine gemeinsame Vorlesezeit empfinden. Wenn Sie sich unter Druck fühlen oder Ihr Kind absolut nicht zur Ruhe kommen kann, wählen Sie besser eine andere Zeit. Hektik lässt die Stimme härter klingen. Mit einer weichen und entspannten Stimme ist das Vorlesen für beide ein Vergnügen.

Lesen Sie sich bitte die folgenden Fantasiereisen erst durch, be-
vor Sie mit dem Vorlesen beginnen. Es ist wichtig, einen ruhigen
Sprachrhythmus zu entwickeln, damit das Kind Zeit hat, innere
Bilder dazu zu entwickeln. Achten Sie auf die Reaktionen Ihres
Kindes, während Sie vorlesen.

Hat Ihr Kind große Schwierigkeiten, zur Ruhe zu finden, dann
lassen Sie es erst etwas toben, schließen eine Übung zur ver-
tieften Atmung an (siehe Seite 120) und bleiben einige Tage bei
der ersten Fantasiereise.

Die erste Fantasiereise dient der Vorstellung des Zauberbären
und ist eine Grundübung. Sie können die Reisen der Reihe nach
vorlesen oder je nach Bedarf eine auswählen. Am Anfang jeder
Fantasiereise wird erklärt, auf welchen Aspekt sie sich haupt-
sächlich konzentriert.

Innerhalb der Fantasiereisen sind Pausenzeiten angegeben. Diese
braucht das Kind, um seine Vorstellung zu entwickeln und einen
»Tagtraum« zu erleben. Hier kann es auch mal zu Reaktionen
kommen, die glauben lassen, das Kind sei wieder völlig wach. Es
mag zwischendurch die Augen öffnen oder lachen. Das ist völlig
in Ordnung.

Der Zauberbär Bärlin begleitet Ihr Kind auf seinen Fantasiereisen.

Helfen Sie ihm gegebenenfalls sanft zurück in die Geschichte.
Durch einen ruhig gesprochenen Satz wie: »Manchmal ist es
erstaunlich, was wir alles mit geschlossenen Augen sehen und
erleben können« oder »Nimm nun einfach einen tiefen Atmzug
und schließ die Augen wieder. Schon bist du bei Bärlin, dem
Zauberbären«, richtet es seine Aufmerksamkeit wieder nach
innen.

Wichtig ist, die Reaktionen des Kindes anzunehmen und in das
Vorlesen mit einzubeziehen. Wer noch wenig Erfahrung mit dieser Art der Geschichten hat, dem mag es anfangs etwas schwer-
fallen, sich vom Text zu lösen und zu improvisieren. Bleiben
Sie gelassen. Mit der Zeit wird Ihnen dies ganz flüssig gelingen.
Wenn Ihr Kind seine Augen wieder geschlossen hat, lesen Sie
einfach weiter.

Der Zauberbär besucht die Eltern

Bärlin hilft auch Erwachsenen.

In der Regel kommen Zauberer – und ganz besonders Zauberbären – nur zu Kindern. Erwachsene können sie weder sehen noch hören. Doch auch Erwachsene haben manchmal das Gefühl, ganz klein und hilflos zu sein. Es gibt Situationen, da fühlen sich Eltern kleiner als ihre Kinder oder sie wünschen sich, mit ihren Kindern tauschen zu können, einfach in ihre Haut zu schlüpfen und wieder Kind zu sein. Doch leider geht das nicht. Bärlin, der Zauberbär, weiß um diese inneren Konflikte der Eltern. Er kennt ihre Wünsche, Träume und Sehnsüchte. Eltern waren eben auch mal Kinder. Darum macht Bärlin manchmal eine Ausnahme. Dann besucht er auch einen Erwachsenen. Er tut dann so, als handele es sich um ein zu groß geratenes Kind. Damit Bärlin auch Sie besuchen kann, wenn er es für richtig hält, sprechen Sie sich den folgenden Text am besten auf Band oder brennen ihn auf eine CD. So können Sie es sich bequem machen, die Augen schließen und gelassen auf den Zauberbären warten.

Unerwarteter Besuch – eine Fantasiereise für Erwachsene

Mach es dir in einem Sessel oder auf einem Sofa bequem. Sorge dafür, dass du nicht gestört werden kannst, und decke dich mit einer Decke zu, damit dir nicht kalt wird.

Machen Sie hier eine kurze Pause.

Nun richte deine Aufmerksamkeit auf deinen Atem. Lass diesen in seinem ganz natürlichen Rhythmus fließen. Beobachte, wie dein Atem immer ruhiger wird, während sich deine Bauchdecke hebt und senkt. Du hörst vielleicht noch Geräusche aus der Umgebung, die Autos von der Straße, ein Flugzeug oder

Stimmen, doch all diese Geräusche führen dazu, dass du dich
mehr und mehr nach innen wendest, während sich dein Körper
immer tiefer entspannt. Alles Wollen und Müssen, alle Pflichten
und Aufgaben, alle Sorgen und Nöte treten in den Hintergrund.
Nichts ist mehr wichtig, außer der wundervollen Ruhe, die sich
in dir ausbreitet.
Nimm einen ganz bewussten, tiefen Atemzug und entspanne
dich noch etwas tiefer.
Deine Gedanken kommen und gehen wie die Wolken am Himmel. Betrachte diese in Ruhe und Gelassenheit und lass alle Gedanken einfach weiterziehen. Die Ruhe in dir vertieft sich. Der
Alltag löst sich auf.
Ich weiß nicht, ob du erst diese angenehme Wärme im Bauch
spürst oder ob es der plötzliche Nebel ist, den du zuerst wahr-
nimmst. Mit dem Nebel erfährst du ein Gefühl des Losgelöst-
seins. Mit dem Nebel erscheint Bärlin, der Zauberbär.
Es mag sein, dass du nun etwas überrascht bist. Wann bist du
zuletzt einem Zauberer begegnet? Vielleicht erinnerst du dich ja.

Bärlin, der Zauberbär, hat seinen Namen von Merlin, dem Zauberer aus dem Reich des keltobritischen Königs Artus.

Bärlin (*die Betonung liegt auf dem Ä*) trägt auf seinem graubraunen Wuschelkopf – er hat nämlich ein wuscheliges, graubraunes Fell – einen spitzen, hohen Zauberhut. Der Hut ist lila. Ein silbernes Band läuft wie eine glitzernde Schlange daran herum und endet oben an der Hutspitze. Dort ist ein Stern. Niemand weiß so genau, ob der Stern auch silbern ist oder vielleicht sogar golden, denn er schimmert irgendwie in beiden Farben. Kaum denkst du: »Ja, der Stern ist silbern«, da scheint er wieder eher aus Gold zu sein, und wenn du dich gerade für Gold als Farbe entschieden hast, dann leuchtet er silbrig.

Um seine Schultern trägt Bärlin einen Umhang. Der ist auch lila, außen. Innen ist er voller Sterne. Welche Farbe die Sterne haben? Ich weiß es nicht. Vielleicht Silber, vielleicht Gold. Es ist das Gleiche wie mit dem Stern am Hut. Man sagt, dieser Umhang ist so groß wie der ganze Himmel. Aber nur auf der Innenseite. Jedenfalls kann Bärlin darin verschwinden, wenn er es für notwendig hält. Außen ist der Umhang einfach lila. Aber manchmal, wenn das Licht des Mondes darauf fällt, könnte man meinen, ein weites Land mit Wäldern, Wiesen und Flüssen zu sehen. Und Vögel ziehen am Himmel dahin. Das ist wirklich seltsam. Niemand weiß, warum das so ist. Wahrscheinlich, weil es der Umhang eines Zauberbären ist.

Bärlin begrüßt dich freundlich und du betrachtest ihn genau. Er klatscht in seine Pfoten und murmelt etwas Unverständliches. Plötzlich hält er einen Zauberstab in den Pfoten, denn das Band um den Hut und der Stern oben an der Spitze sind in Wirklichkeit sein Zauberstab, den der Bär auf seinem Hut verstecken kann. Bärlin flüstert ein paar Worte und bewegt den Zauberstab hin und her. Dabei wird der Stab länger und dicker, ähnlich einem besonders starken Besenstiel.

Der Zauberbär lädt dich ein, auf dem Stab Platz zu nehmen, so als handele es sich um einen Hexenbesen. Ein wenig verwirrt,

aber neugierig folgst du seinen Anweisungen und ehe du dich
versiehst, schwebst du schon über dem Haus, in dem sich deine
Wohnung befindet.

Immer höher geht es hinauf. Dabei spürst du, wie alles, was dich
in deiner Alltagswelt belastet hat, immer weiter zurückbleibt
und nun vollkommen gleichgültig ist.

Du genießt diese neue emotionale Freiheit mit allen Sinnen. Die
Erde unter dir ist winzig klein. Sogar die Wolken liegen schon
unter dir und dem Zauberbären auf eurem wundervollen Flug.
Höher und weiter fliegst du. Tief und ruhig geht dabei dein
Atem.

Dann beginnt sich der Zauberstab langsam zu senken. Du
erkennst, dass du dich über einem Meer befindest. Am Horizont
kannst du eine Insel entdecken. Auf diese Insel fliegt Bärlin zu
und nach kurzer Zeit landest du mitten auf einer Lichtung.

Große Bäume umrahmen diese Lichtung, auf der nur ein einzel-
ner Baum steht, nicht viel größer als du selbst. Der Baum hat
einen starken Stamm, kräftige Wurzeln führen ins Erdreich und
eine ausladende Krone bietet Schutz vor der Sonne. Auf seltsame
Weise fühlst du dich zu dem Baum hingezogen. Bärlin lächelt
wissend. Er tritt mit dir an den Baumstamm heran und berührt
diesen mit seinem Zauberstab. Da öffnet sich der Baum, als
bestünde er aus zwei Flügeltüren.

In seinem Inneren gibt er ein gläsernes Wesen frei. Dieses glä-
serne Wesen sieht aus wie du – eben nur aus Glas. Im Inneren
des Körpers, in der Mitte der Brust, leuchtet ein Licht.

»Schau«, sagt Bärlin, »dies ist dein Gegenstück, dein magisches
Selbst. Es wird geschützt von seinem Baum, dessen starke Wurzeln für Halt im Leben sorgen und Lebensenergie aus der Erde
aufnehmen. Die Krone ist deine Verbindung zum Universum, zu
den Teilen des Lebens und des Seins, die dir verborgen bleiben.
Siehst du das Licht dort, in der Mitte der Brust? Es ist das Licht
der Liebe und des Vertrauens. Tritt nun dicht an dein magisches
Selbst heran und leg eine Hand auf das Licht. Schließ deine

Augen und gib dich der Liebe und dem Vertrauen hin. Spür die Verbundenheit, spür die Kraft, die Ruhe und die Sicherheit, die gleichzeitig von dem Baum auf dich übergehen. Was auch immer dir in deinem Leben begegnet, Sorgen, Ängste, Zweifel, vertrau dem Licht in dir. Es wird dich leiten. So wird jede Erfahrung, selbst wenn diese zuerst furchtbar belastend ist, dich wachsen lassen. Das Licht lässt neue Türen erscheinen, wo du zuerst keinen Ausweg wusstest. Du wirst neue Möglichkeiten und neue Fähigkeiten entdecken, in dir und in anderen.«

Hier lassen Sie eine Minute in Stille vergehen.

»Nun«, brummt der Zauberbär, »da du dein magisches Selbst kennen gelernt hast, ist es Zeit, wieder zurückzukehren. Alle neuen Gefühle, Erfahrungen und magischen Geschenke, die du dabei erhalten hast, nimmst du mit. Sie sind in deinem Innern gut aufgehoben und da, wenn du sie brauchst.«
Langsam löst du dich nun von der gläsernen Figur und der Baum schließt sich. Bärlin hilft dir, auf dem Zauberstab Platz zu nehmen. Schon löst du dich vom Boden und schwebst hoch hinauf.
Mit neuem Mut und neuer Lebensfreude genießt du diesen Ritt durch die Wolken, über den Himmel und zurück in deine eigene Welt.
Sanft setzt Bärlin dich zu Hause ab, verneigt sich und ist plötzlich verschwunden.

Lass das Erlebte noch etwas in dir nachklingen, bevor du dich dehnst und streckst, tief ein- und ausatmest und dann wach und frisch ins Tagesbewusstsein zurückkommst.

Fantasiereisen mit dem Zauberbären

Bei diesen Geschichten nimmt der Zauberbär Bärlin Ihr Kind mit auf wundersame Reisen. Ganz entspannt erfährt es hier neuen Mut, Stärke und Selbstvertrauen. Die erste Fantasiereise ist eine Grundübung, die anderen können in beliebiger Reihenfolge ganz nach den Bedürfnissen des Kindes gelesen werden.

Bärlin baut mir ein Lichtzelt
(Entspannung und Stärke)

Diese Geschichte dient zu einem dem Entspannungstraining, zum anderen unterstützt sie das Gefühl, angenommen und geliebt zu werden. Dieses Gefühl ist eine wichtige Voraussetzung für ein stabiles Selbstbewusstsein. Durch die Wiederholung des Zaubersatzes in der Geschichte: »Liebe und Geborgenheit sind immer und überall in mir«, wird das Gefühl, geliebt zu werden, verstärkt. Das Unterbewusstsein des Kindes, welches immer das verstärkt, was wiederholt gedacht oder gesagt wird, verbindet die Worte mit inneren Bildern. Diese können aus dem tatsächlichen Leben oder aus Erzählungen und der Fantasie stammen. Jeder fühlt sich wohl und sicher, wenn er weiß, dass er geliebt wird. Liebe ist ein Grundbedürfnis, für dessen Erfüllung der Mensch alles tut, was in seinen Möglichkeiten steht. Auf diesem Weg unterstützt uns unser Unterbewusstsein besonders gern.

Die Fantasiereise:

Manche Kinder wissen nicht, dass nachts, wenn sie schlafen gehen, ein Zauberbär kommt. Nun, vielleicht kommt er ja auch nur zu denen, die seinen Namen kennen. Darum will ich dir heute von ihm erzählen. Der Zauberbär heißt Bärlin. Stimmt, dass klingt fast genau so wie Merlin, der Zauberer von König Artus. Nun, Bärlin ist ja auch ein großer Zauberer und er sieht auch wie einer aus.

Bärlin trägt auf seinem graubraunen Wuschelkopf – er hat nämlich ein wuscheliges, graubraunes Fell – einen spitzen, hohen Zauberhut. Der Hut ist lila. Ein silbernes Band läuft wie eine glitzernde Schlange daran herum und endet oben an der Hutspitze. Dort ist ein Stern. Niemand weiß so genau, ob der Stern auch silbern ist oder vielleicht sogar golden, denn er schimmert irgendwie in beiden Farben. Kaum denkst du: »Ja, der Stern ist silbern«, da scheint er wieder eher aus Gold zu sein, und wenn du dich gerade für Gold als Farbe entschieden hast, dann leuchtet er silbrig.

Um seine Schultern trägt Bärlin einen Umhang. Der ist auch lila, außen. Innen ist er voller Sterne. Welche Farbe die Sterne haben? Ich weiß es nicht. Vielleicht Silber, vielleicht Gold. Es ist das Gleiche wie mit dem Stern am Hut. Man sagt, dieser Umhang ist so groß wie der ganze Himmel. Aber nur auf der Innenseite. Jedenfalls kann Bärlin darin verschwinden, wenn er es für notwendig hält. Außen ist der Umhang einfach lila. Aber manchmal, wenn das Licht des Mondes darauf fällt, könnte man meinen, ein weites Land mit Wäldern, Wiesen und Flüssen zu sehen. Und Vögel ziehen am Himmel dahin. Das ist wirklich seltsam. Niemand weiß, warum das so ist. Wahrscheinlich, weil es der Umhang eines Zauberbären ist.

Bärlin ist schon sehr alt. Ich habe keine Ahnung, warum Zauberer immer so alt werden, oft viele hundert Jahre. Es ist eben so. Als Zauberer hat Bärlin schon viel erlebt. Ganz besonders mit Kindern. Wenn er sich auf seinen Zauberstab setzt, kann er blitzschnell überall hin sausen. Er braucht nur daran zu denken, wo er sein möchte, und schon ist er da. Das gilt nicht nur für Orte, sondern auch für Zeiten. Bärlin ist einer der wenigen Zauberer, die durch die Zeit reisen können! Das mag für dich unglaublich klingen und ich kann es dir auch nicht beweisen, doch es ist wirklich so. Du wirst es sicher noch erfahren. Ach, du hast es schon bemerkt; er trägt seinen Zauberstab nicht in seinen Bärenpfoten, wenn er durch die Welt spaziert. So hat er beide Hände frei und läuft nicht Gefahr, den Stab zu verlieren. Bärlins Zauberstab ist für unwissende Leute gut versteckt. Auch Diebe können nicht an ihn heran. Erst wenn er klatscht und einen Zauberspruch murmelt, springt er ihm in die Pfoten. Ja, das silberne Band mit dem Stern an der Hutspitze ist sein Zauberstab.

Bärlin erfährt auf recht seltsamen Wegen davon, wenn Kinder Angst haben oder sehr traurig sind. Auch von dir hat er erfahren. Gibt es Krähen bei dir in der Nähe? Manchmal sind es die Krähen, die dem Zauberbären sagen, wo er gebraucht wird.

Es gibt Zeiten im Leben, da verändert sich etwas. Die Schule fängt an, man zieht in eine andere Wohnung, die alten Freunde wollen plötzlich nicht mehr mit einem spielen – nun, es gibt viele Gründe für Traurigkeit oder Angst.

Auch den Erwachsenen geht das so. Und auch Erwachsene sind froh, wenn dann jemand da ist, der helfen kann. Manchmal ist es gut, wenn man einen Zauberbären kennt. Seine Zaubertricks helfen oft auf ganz sanfte und unmerkliche Weise.

Darum ist es gut, wenn man den Namen des Zauberbären Bärlin kennt. Wer seinen Namen ruft, zu dem kommt Bärlin und zeigt ihm einige Tricks, die mutig und stark machen.

Gleich wirst du erfahren, auf welchen Wegen Bärlin zu dir kommt.

Zuerst legst du dich bequem hin. Am besten auf den Rücken. Nun spür in deinem Körper nach, ob alles gut ist. Jetzt kannst du dich noch zurechtrücken und kratzen, wenn du möchtest. Atme ganz ruhig und gleichmäßig ein und aus. Lass deinen Atem so fließen, wie es für dich angenehm ist.

Machen Sie hier einen kurzen Moment Pause.

Ja, so ist es gut. Langsam beginnt dein Körper, sich zu entspannen. Alle Muskeln werden weich und locker. Auch dein Geist möchte sich nun entspannen und die Gedanken an Ereignisse und Personen loslassen.

Um das zu erreichen, richtest du deine Aufmerksamkeit auf den Morgen, als du aufgestanden bist. Stell dir vor, wie du noch einmal durch den Tag gehst. Bei jedem Ereignis, an das du dich erinnerst, schwebt eine kleine Lichtkugel im Raum. Diese Lichtkugeln sammelst du ein und steckst sie in deine Tasche. Auf diese Weise holst du alle Gedanken und Energien, die noch dort geblieben sind, zu dir zurück.

So wird dein Kopf immer klarer und freier. Die Gedanken beginnen, sich aus deinem Kopf zu lösen und zum Himmel zu schweben. Du spürst, wie du dich mehr und mehr entspannst. Immer ruhiger und gleichmäßiger wird dein Atem, während du deinen Tag betrachtest.

Nicke bitte kurz mit dem Kopf, wenn du alle Lichtkugeln eingesammelt und die Wanderung durch deinen Tag beendet hast.

Bleiben Sie hier still, bis das Kind mit dem Kopf nickt. Bleibt das Nicken auch nach 30 Sekunden aus, was sehr selten vorkommt, ergänzen Sie folgenden Satz: »Auch wenn du noch nicht alle Kugeln eingesammelt hast, bist du jetzt schön entspannt.«

Jetzt bist du ganz ruhig und entspannt. Nun ist die Zeit da, um Bärlin, den Zauberbären, zu rufen. Nenne in Gedanken dreimal seinen Namen: »Bärlin, Bärlin, Bärlin.«
Jetzt weiß Bärlin, dass du ihn brauchst. Versuche nun, dir Bärlin vorzustellen. Wie sieht sein graubraunes Wuschelfell aus? Sitzt sein Zauberhut gerade auf seinem Kopf oder etwas schief? Leuchtet der Stern an der Hutspitze golden oder silbern? Wie lang und weit ist der Umhang, den Bärlin trägt?

Es mag sein, dass dir die Vorstellung nicht sofort ganz gelingt. Manchmal braucht das innere Auge etwas Übung. Das macht nichts. Bärlin ist trotzdem da und hilft dir.

»Hallo«, sagt Bärlin, als er an deiner Seite erscheint. »Wie ich höre, kennst du meinen Namen. Fein. Ich freue mich, dass du mich gerufen hast. Wir werden sicherlich zusammen viele schöne Dinge erleben. Heute will ich dir das zauberhafte Lichtzelt vorstellen. Es ist fast wie ein echtes Indianer-Tipi, nur ganz aus Licht. Wenn du darin liegst, wird es dir immer gut gehen. Alle Ängste, Sorgen und Traurigkeiten verschwinden. Alles, was du brauchst, kann das Lichtzelt dir geben.«

Bärlin klatscht in seine Pfoten und hält plötzlich seinen Zauberstab. Er lässt ihn schweben, so dass der Stern etwa zwei Meter über dir leuchtet. Aus dem Stern fließt ein helles, warmes Licht. Dieses Licht hüllt dich ein wie ein schützendes Zelt. Du beginnst, dieses Licht in deiner Vorstellung ruhig und gleichmäßig einzuatmen. Du atmest in deinen ganzen Körper hinein, so als wäre dein Körper eine Vase und das Licht wäre Wasser. Bis in den kleinsten Winkel fließt es und erhellt dich von innen. Das Licht bringt dir ein Gefühl von kuscheliger Geborgenheit und während du es so ruhig einatmest, fällt dir vielleicht ein, wann du dich besonders geborgen gefühlt hast.

Lass dich sanft durch deine Erinnerungen leiten. Immer wenn deine Gedanken zu ganz anderen Dingen abschweifen wollen, denkst du wieder an das Lichtzelt, das aus dem Stern kommt und dich einhüllt. Dann atmest du bewusst das Licht in deinen Körper und lässt alle störenden Gedanken hinaus in das Universum fliegen. Ich lass dich jetzt ein paar Minuten mit Bärlin und dem Lichtzelt allein.

Bleiben Sie ein bis zwei Minuten still, bevor Sie weiterlesen. Beobachten Sie dabei gelassen Ihr Kind. Wenn es zu Zappeligkeit neigt und sich gerne im Bett wälzt, machen Sie tagsüber oder vor dieser Fantasiereise gemeinsam die Yogaübung »Der Schwamm«

von Seite 120. Atmen Sie einen Atemzug gemeinsam mit Ihrem Kind, bevor Sie die Fantasiereise weiterlesen.

Du bist nun ganz von Licht erfüllt. Ein warmes Gefühl ist in deinem Bauch.

Bärlin lächelt dich an. »Jetzt werde ich dir einen Zaubersatz aufsagen. Wenn du ihn in deinen Gedanken wiederholst, wird er dir sehr guttun und auch dein Herz mit Licht erfüllen.«

Dann spricht der Bär zu dir folgende Worte, die du in Gedanken wiederholst und dir gut einprägst:

»Liebe und Geborgenheit sind immer und überall in mir.« ...

»Liebe und Geborgenheit sind immer und überall in mir.« ...

»Liebe und Geborgenheit sind immer und überall in mir.« ...

»Liebe und Geborgenheit sind immer und überall in mir.«

Wieder erinnerst du dich an Zeiten, in denen du dich ganz wohlig und sicher gefühlt hast, und es nichts gab, was dich ängstigen konnte. Auch dein Körper erinnert sich und lässt das warme Gefühl aus deinem Bauch überall hinfließen. Genieße dieses Gefühl ganz in Ruhe.

Langsam beginnt das Lichtzelt zu verblassen. Es wird Zeit, in den Alltag zurückzukehren.

Bärlin, der Zauberbär, zaubert seinen Stab zurück auf seinen Hut. Er streicht dir mit seiner Pfote über die Stirn. Zum Abschied lächelt er dich an und verspricht, bald wiederzukommen. Dann hüllt er sich in seinen Umhang und – ist verschwunden.

Du atmest nun einige Male tief ein und aus. Dehne und strecke dich kräftig und öffne deine Augen. Die kuschelige Wärme ist noch immer in dir und bleibt noch eine Weile spürbar.

Wenn du morgen früh aufwachst, bleib noch ein Weilchen liegen. Ruf dreimal Bärlins Namen. Dann bitte ihn, das Lichtzelt aus seinem Stern für dich leuchten zu lassen, und hülle dich darin ein. Stell dir vor, das Licht ist wie ein unsichtbarer Mantel. Du trägst ihn den ganzen Tag. Mach dir bewusst, dass Liebe und Geborgenheit immer und überall in dir sind.

Die Brücke über den Fluss der 1000 Ängstlichkeiten
(Mehr Mut)

Diese Geschichte unterstützt das Kind darin, Ängste abzubauen und mutiger zu sein. Es darf die Dinge selbst in die Hand nehmen, ist nicht äußeren Umständen ausgeliefert. Es lernt, das scheinbar Negative zu etwas Gutem zu benutzen. Durch das bildliche Abbauen der Ängste wird das kindliche Unterbewusstsein angeregt, dies auch auf der emotionalen Ebene umzusetzen.

Die Fantasiereise:
Heute hast du wieder Gelegenheit, Bärlin, den Zauberbären, zu treffen.
Leg dich bequem hin. Am besten auf den Rücken. Nun spür in deinem Körper nach, ob alles gut ist. Jetzt kannst du dich noch zurechtrücken und kratzen, wenn du möchtest. Atme ganz ruhig und gleichmäßig ein und aus. Lass deinen Atem so fließen, wie es für dich angenehm ist. Ja, so ist es gut.

Langsam beginnt dein Körper, sich zu entspannen. Alle Muskeln werden weich und locker. Auch dein Geist möchte sich nun entspannen und die Gedanken an Ereignisse und Personen loslassen. Um das zu erreichen, richtest du deine Aufmerksamkeit auf den Morgen, als du aufgestanden bist.

Stell dir vor, wie du noch einmal durch den Tag gehst. Bei jedem Ereignis, an das du dich erinnerst, schwebt eine kleine Lichtkugel im Raum. Diese Lichtkugeln sammelst du ein und steckst sie in deine Tasche. So holst du alle Gedanken und Energien, die noch dort geblieben sind, zu dir zurück.

Auf diese Weise wird dein Kopf immer klarer und freier. Die Gedanken beginnen, sich aus deinem Kopf zu lösen und zum Himmel zu schweben. Du spürst, wie du dich mehr und mehr entspannst. Immer ruhiger und gleichmäßiger wird dein Atem, während du deinen Tag betrachtest.

Nicke bitte kurz mit deinem Kopf, wenn du alle Lichtkugeln eingesammelt und die Wanderung durch deinen Tag beendet hast.

Jetzt bist du ganz ruhig und entspannt. Nun ist die Zeit da, um Bärlin, den Zauberbären, zu rufen.

Nenne, so wie du es schon kennst, in Gedanken dreimal seinen Namen: »Bärlin, Bärlin, Bärlin.«

Nun ist Bärlin da. Versuch bitte wieder, ihn dir möglichst genau vorzustellen, aber bleib locker dabei. Schau dir sein graubraunes Fell an. Auf seinem Kopf sitzt der spitze Zauberhut mit dem silbernen Band und oben an der Hutspitze glitzert der Stern. Ist er heute golden oder silbern?

Bärlin klatscht in seine Pfoten und murmelt einen Zauberspruch. Da hat er seinen Zauberstab in seiner rechten Pfote und hält ihn über dich. Aus dem Stern an seiner Spitze strahlt ein warmes, helles Licht und hüllt dich ganz ein. Nun liegst du in einem Zelt aus Licht und nimmst dir etwas Zeit, dieses Licht einzuatmen …

Heute hat Bärlin ein Licht für dich gewählt, das dein Herz mit Mut erfüllt. Du atmest also mit dem Licht Mut ein. Stell dir vor, wie es in deine Füße und Beine fließt und diese von innen

zu leuchten beginnen. Dann lass es langsam den ganzen Körper hinaufsteigen, bis dein ganzes Inneres davon erfüllt ist.
Gib mir ein Zeichen durch ein kleines Nicken mit deinem Kopf, wenn du innen voller Licht bist.

Machen Sie hier eine kurze Pause. Nickt das Kind, lesen Sie weiter.

Während du ganz ruhig und entspannt das Mut-Licht eingeatmet hast, hat Bärlin dich an einen anderen Ort gezaubert. Das Lichtzelt öffnet sich an einer Seite und du kannst dort hinausgehen.
In deiner Vorstellung gehst du nun auf eine Wiese. Es blühen viele schöne Blumen, und Schmetterlinge fliegen zwischen ihnen umher. Auch Bienen und Hummel summen durch die Luft. Es ist angenehm warm und sonnig. Schau dich ein bisschen um auf der Wiese.

Machen Sie hier eine kurze Pause.

Deine Füße spüren das Gras, während du weitergehst. Die Blumen leuchten in allen Farben und ein Schmetterling ist schöner als der andere. Sanftes Bienensummen ist zu hören. Es ist wirklich sehr schön hier.
Du kommst an einen Fluss. Dort am Fluss liegen viele dicke, schwarze Steine. Sie sehen aus wie alte Mauersteine. Der Fluss ist ziemlich tief und hat eine starke Strömung. Dir ist unbehaglich bei seinem Anblick. Doch auf der anderen Seite gibt es etwas ganz Interessantes und Wichtiges.
Ich weiß nicht, was es ist, das kannst nur du wissen. Vielleicht sind dort Freunde, die auf dich warten, ein toller Spielplatz oder ein Haus mit Computern, Spielen und allem, was dir gefallen würde. Es ist etwas dort auf der anderen Seite, das dich magisch anzieht.

Irgendwie musst du da hinüber. Schau mal ganz gelassen hinüber, vielleicht findest du heraus, was dort auf dich wartet.

Machen Sie hier eine kurze Pause.

Du möchtest so gerne dort hin, doch der Fluss liegt dazwischen. Da taucht Bärlin neben dir auf. Was macht der denn nun hier? Fein, er möchte dir helfen, über den Fluss zu kommen. Bärlin sieht dich an und fängt an zu erzählen: »Dies ist der Fluss der 1000 Ängstlichkeiten. Und die Steine, die hier auf der Wiese liegen, sind entstanden, als du Angst vor etwas hattest und deshalb etwas Schönes nicht getan hast. Jedes Mal, wenn du aus Angst etwas Schönes nicht tust, entsteht so ein dunkler Stein. In diesen Steinen sind dein Mut und deine Freude versteinert. Heute kannst du nun Mut und Freude befreien und das bekommen, was du eigentlich willst. Bau aus diesen Steinen eine Brücke über den Fluss der 1000 Ängstlichkeiten. Ich leihe dir gerne meinen Zauberstab dafür. Setze ihn ein für jeden Stein und der Stein wird seinen Platz in der Brücke finden.«

Bärlin reicht dir seinen Zauberstab. Du kannst nun aus den Steinen eine Brücke über den Fluss bauen. Du berührst den ersten Stein mit dem Zauberstab und er schwebt an das Flussufer. Dort setzt er sich ganz dicht an das Wasser. Genau an den richtigen Platz. Du berührst den zweiten Stein mit dem Zauberstab und er legt sich ganz von selbst neben den ersten.
Jeder Stein, den du berührst, schwebt durch die Luft und findet den Platz, an den er gehört, um eine stabile und schöne Brücke zu bauen. Während die Brücke immer deutlicher Gestalt annimmt, spürst du eine wachsende Freude und mehr und mehr Mut in dir. Durch die Berührung mit dem Zauberstab werden nämlich Freude und Mut aus den Steinen befreit und fließen zu dir zurück. So macht es dir richtig Spaß, diese Brücke zu bauen. Die Steine verlieren ihre dunkle Farbe und fangen sanft an zu schimmern.

Ein Stein nach dem anderen findet seinen Platz. Du hast das Gefühl, dass sogar die Steine Spaß am Brückenbau haben.

Machen Sie hier eine kurze Pause.

Nun ist die Brücke fertig und du möchtest über sie hinweggehen. Sie ist sehr schön und sehr sicher geworden. Du gibst Bärlin seinen Zauberstab zurück.
Dann machst du den ersten Schritt. Da erscheinen seltsame Schriftzeichen auf den Steinen.
Bärlin berührt dich mit seiner Pfote, murmelt einen Zauberspruch und mit einem Mal kannst du diese Zeichen lesen: »Mit Mut und Freude schaffe ich alles und erreiche das Beste.«

Wiederholen Sie diesen Satz.

»Sprich diesen Satz, wenn du über die Brücke gehst«, sagt Bärlin. »Mit Mut und Freude schaffe ich alles und erreiche das Beste.«
Während du über die Brücke gehst, wiederholst du diesen Satz in deinen Gedanken.
Dabei spürst du, wie du dich innerlich immer sicherer und mutiger fühlst und eine große Freude dich durchflutet.

Lassen Sie Ihrem Kind etwas Zeit, den Zaubersatz einige Male in Gedanken nachzusprechen.

Auf der anderen Seite der Brücke duften Blumen und Gräser frisch und belebend. Du fühlst dich sicher und geborgen und freust dich auf das, was dich hier erwartet.
Du hast nun Zeit, alles zu erkunden und zu tun, was dir Spaß macht, bis du meine Stimme wieder hörst.

Lassen Sie Ihrem Kind ca. eine Minute Zeit in Stille.

Nun ist es Zeit, dass Bärlin dich wieder in dein Zimmer zurückbringt. Das Lichtzelt wartet auf der Wiese schon auf dich und du legst dich wieder ganz bequem hinein. Schau dir das Licht genau an. Vielleicht hat sich seine Farbe verändert oder es leuchtet auf eine andere Art und Weise. Atme das Licht noch ein paar Mal tief hinein in deinen Körper. Damit festigst du die Freude und den neuen Mut, die du hier gefunden hast, und bringst sie mit in deinen Tag.

Strecke und dehne dich nun gut durch, denke an das Zimmer, in dem du bist und öffne deine Augen. Nun bist du wieder ganz hier, in deinem Zimmer und in deinem Tag.

Wenn Sie zusätzlich zu der Fantasiereise den Mut Ihres Kindes stärken wollen, finden Sie auf Seite 122 noch weitere Übungen. Erinnern Sie Ihr Kind an den Brückenbau, wenn es sich in einer Situation zu ängstlich zeigt. Sagen Sie: »Schließ doch mal deine Augen und erinnere dich an den Mut und die Stärke aus den Steinen. Atme tief ein und aus und los geht's! Mach das einfach immer dann, wenn die alte Ängstlichkeit zurückkehren will. Durch die Erinnerung ist Bärlin, der Zauberbär, unsichtbar an deiner Seite. Sag dir auch ruhig den Zauberspruch der Brücke auf.«

Im Zaubergarten
(Liebe und Geborgenheit)

Diese Geschichte fördert die Fähigkeit, Liebe und Geborgenheit zu empfinden, zu geben und anzunehmen. Die liebevolle Zuwendung zur Blume im Zaubergarten ist gleichzeitig eine Zuwendung zu einem selbst.

Die Fantasiereise:

Mach es dir bequem und atme einige Atemzüge ganz ruhig und gleichmäßig ein und aus. Nun spür in deinem Körper nach, ob alles gut ist. Jetzt kannst du dich noch zurechtrücken und kratzen, wenn du möchtest. Atme ganz ruhig und gleichmäßig ein und aus. Lass deinen Atem so fließen, wie es für dich angenehm ist. Ja, so ist es gut.

Langsam beginnt dein Körper, sich zu entspannen. Alle Muskeln werden weich und locker. Auch dein Geist möchte sich nun

entspannen und die Gedanken an Ereignisse und Personen loslassen. Um das zu erreichen, richtest du deine Aufmerksamkeit
auf den Morgen, als du aufgestanden bist. Stell dir vor, wie du
noch einmal durch den Tag gehst. Bei jedem Ereignis, an das du
dich erinnerst, schwebt eine kleine Lichtkugel im Raum. Diese
Lichtkugeln sammelst du ein und steckst sie in deine Tasche. So
holst du alle Gedanken und Energien, die noch dort geblieben
sind, zu dir zurück.

Auf diese Weise wird dein Kopf immer klarer und freier. Die
Gedanken beginnen, sich aus deinem Kopf zu lösen und zum
Himmel zu schweben. Du spürst, wie du dich mehr und mehr
entspannst. Immer ruhiger und gleichmäßiger wird dein Atem,
während du deinen Tag betrachtest.

Nicke bitte kurz mit deinem Kopf, wenn du alle Lichtkugeln eingesammelt und die Wanderung durch deinen Tag beendet hast.

*Machen Sie hier eine kurze Pause. Nickt das Kind, lesen Sie
weiter.*

Bärlins liebevolle braune Augen schauen dich an. Kannst du
heute vielleicht die Landschaft auf seinem Umhang sehen, die
sich manchmal bei Mondlicht zeigt?

Wie glitzert der Stern am Hut und wie blinken die Sterne auf der
Innenseite des Umhangs?

Bärlin freut sich, dass du ihn gerufen hast. »Höre, mein Freund«,
sagt er, »heute will ich dich mitnehmen in einen ganz besonderen
Garten. Hast du Lust, mich zu begleiten? Nicke kurz oder schüt-
tele leicht den Kopf, dann weiß ich Bescheid.«

*In der Regel nickt das Kind. Wenn es aber den Kopf schüttelt,
lesen Sie bitte folgenden Text: »Gut, das ist in Ordnung«, sagt
Bärlin. »Dann nehme ich dich später einmal mit dorthin. Heute
will ich es dabei belassen, dich in das Lichtzelt zu hüllen. Atme
das Zauberlicht ruhig und gleichmäßig in dich ein. In diesem*

*Licht ist heute alle Liebe, die du brauchst und willst.« Bärlin
klatscht in die Pfoten und hält seinen Zauberstab über dich.
Der Stern erstrahlt in einem wundervollen Licht, dass über dich
hinwegfließt und dich einhüllt. Atme die Liebe des Lichtes ein
und ruh dich einfach aus. Ein wohlig-warmes Gefühl entsteht in
deinem Bauch und breitet sich langsam im ganzen Körper aus.
In ein paar Minuten wirst du Lust haben, dich zu rekeln und zu
strecken. Dann öffnest du deine Augen und bist wieder ganz im
Hier und Heute.*

»Gut«, brummt der Zauberbär, »dann werde ich dich jetzt in
das Licht aus meinem Zauberstern hüllen.« Er klatscht in die
Pfoten und hält seinen Zauberstab mit dem Stern über dich. Ein
wundervolles Licht beginnt, aus dem Stern herauszustrahlen und
dich einzuhüllen. Das Licht enthält Liebe und Geborgenheit.
Diese Qualitäten atmest du mit dem Licht in deinen Körper und
deinen Geist. Ein wohlig-warmes Gefühl entsteht in deinem
Bauch und breitet sich langsam im ganzen Körper aus. Während
du in diesem Lichtzelt liegst, zaubert Bärlin dich in den Zaubergarten. Das Lichtzelt öffnet sich und du gehst hinaus in den
Garten. Du merkst, dass du barfuß bist, und spürst deutlich den
Sand des Weges unter deinen Füßen. Ein warmer Duft von blü-
henden Blumen liegt in der Luft. Geh durch den Zaubergarten
und sieh dir alle Pflanzen und Tiere dort an. Die Tiere sind alle
sehr freundlich und lieben es zu spielen. Plötzlich hörst du einen
zarten Ruf.

»Komm zu mir, komm zu mir«, erklingt eine helle Stimme im
Zaubergarten.

Neugierig folgst du dem Ruf. Du gehst einen Weg entlang, über
eine Wiese und wieder einen Weg entlang. Ja, vielleicht springst
du auch noch über einen kleinen Bach. Dann bist du da. Die
Stimme ist ganz nah. Du schaust dich um. Wer hat denn gerufen? Da hörst du die Stimme wieder. Eine Blume hat dich gerufen. Ich weiß nicht, was für eine Blume es ist. Nur du kannst

es wissen, denn Bärlin hat dich in deinen persönlichen Zauber-
garten gebracht. Und so ist diese Blume deine ganz persönliche
Zauberblume. Sie ist auf unsichtbare Weise mit dir verbunden.
Wenn es dir nicht gutgeht, geht es auch der Blume nicht gut.
Wenn es dir gutgeht, geht es auch der Blume gut. Und wenn du
der Blume Gutes tust, dann tust du auch dir selbst Gutes. Das
ist das Geheimnis dieses Zaubergartens.
Frag deine Blume, was ihr fehlt und was du für sie tun kannst.
Vielleicht braucht sie Wasser, Sonne oder möchte an einen anderen Platz gepflanzt werden. Nimm dir Zeit und frage ruhig
ein paar Mal nach, bis deine Blume zufrieden ist und sich wohl
fühlt.

Machen Sie hier ca. eine Minute Pause.

Hat deine Blume nun alles, was sie braucht? Dann nicke mit
dem Kopf, damit ich Bescheid weiß.

*Warten Sie ab, bis das Kind mit dem Kopf genickt hat, und lesen
Sie dann weiter.*

Da deine Blume nun wieder glücklich ist, kannst du noch ein
bisschen in deinem Garten umherstrolchen und mit den Tieren
dort spielen oder im Bach schwimmen.

Machen Sie hier eine kurze Pause.

Gut. Nun ist es an der Zeit, in dein Zimmer zurückzukehren. Du
kannst aber, wann immer du es möchtest, mit Hilfe von Bärlin
und seinem Zauberstab in deinen Zaubergarten gehen. Du weißt
ja nun, wie du dort hinkommst.
Leg dich wieder in dein Lichtzelt. Es erwartet dich auf der Wiese. Schau dir das Licht an und atme einige Male tief ein und aus.
Nun bringt Bärlin dich zurück.

Er freut sich, dass dir der Garten gefallen hat. »Ruf mich und ich bin da«, sagt er lächelnd, bevor er sich in seinen Umhang hüllt und unsichtbar wird.

Du reckst und streckst dich jetzt kräftig, denkst an die schönen Dinge, die du in den nächsten Tagen vorhast, und öffnest deine Augen. Nun bist du wieder ganz hier, wach und munter.

Nutzen Sie diese Reise auch für sich. Als Erwachsener hat man oft so viele Aufgaben zu erfüllen, dass die eigenen Bedürfnisse zu kurz kommen. Pflegen Sie daher Ihre eigene Blume des Ichs. Wenn Sie herausfinden, um welche Blumenart es sich handelt, gibt Ihnen dies Informationen über Ihre inneren Kräfte. Manche Blume wirkt schwach und unscheinbar, besitzt aber eine große Wuchskraft und Ausdauer, während einige andere – nur scheinbar kräftig – vom leichtesten Wind umgeweht werden.

Wir packen ein Paket
(Ängste abgeben, Freude und Glück aufnehmen)

In dieser Geschichte erfährt Ihr Kind, wie es Ängste und Belastungen einfach einpacken und loswerden kann, besonders, wenn es sich ganz bewusst von diesen Ängsten behindert fühlt. Es lernt, dass Veränderung möglich ist durch Entscheidung. Es entscheidet sich, alle Belastungen in ein Paket zu packen und den freigewordenen Raum mit positiven Gefühlen zu füllen. Manche Kinder spielen diese Geschichte später nach und packen ein echtes Paket. Spielen Sie mit! Entsorgen Sie das Paket und schenken Sie sich und Ihrem Kind schöne Gefühle z. B. durch einen Besuch im Zoo oder das Lieblingseis.

Die Fantasiereise:
Du legst dich wieder ganz bequem hin, so wie du es schon kennst. Dann atmest du einige Atemzüge ganz ruhig und gleichmäßig in deinen Bauch. Dabei spürst du, wie sich dein Bauch hebt und senkt.

Nun spür in deinem Körper nach, ob alles gut ist, Jetzt kannst du dich noch zurechtrücken und kratzen, wenn du möchtest. Atme ganz ruhig und gleichmäßig ein und aus. Lass deinen Atem so fließen, wie es für dich angenehm ist. Ja, so ist es gut. Langsam beginnt dein Körper, sich zu entspannen. Alle Muskeln werden weich und locker. Auch dein Geist möchte sich nun entspannen und die Gedanken an Ereignisse und Personen loslassen. Um das zu erreichen, richtest du deine Aufmerksamkeit auf den Morgen, als du aufgestanden bist. Stell dir vor, wie du noch einmal durch den Tag gehst. Bei jedem Ereignis, an das du dich erinnerst, schwebt eine kleine Lichtkugel im Raum. Diese Lichtkugeln sammelst du ein und steckst sie in deine Tasche. So holst du alle Gedanken und Energien, die noch dort geblieben sind, zu dir zurück.

Auf diese Wiese wird dein Kopf immer klarer und freier. Die Gedanken beginnen, sich aus deinem Kopf zu lösen und zum Himmel zu schweben. Du spürst, wie du dich mehr und mehr entspannst. Immer ruhiger und gleichmäßiger wird dein Atem, während du deinen Tag betrachtest.

Nicke bitte kurz mit deinem Kopf, wenn du alle Lichtkugeln eingesammelt und die Wanderung durch deinen Tag beendet hast.

Machen Sie hier eine kurze Pause. Nickt das Kind, lesen Sie weiter.

Prima. Das ist gut so. Nun rufe wieder Bärlin, den Zauberbären. Bärlin erscheint in seinem Umhang, mit seinem spitzen Hut und dem leuchtenden Stern auf der Hutspitze. Er setzt sich zu dir und lächelt dich an.

»Hallo«, sagt Bärlin. »Schön, dich wiederzusehen. Heute will ich dir etwas über Gefühle erzählen und dir dann einen Weg zeigen, wie du Gefühle, die dich stören und behindern, loslassen kannst. Das Tolle daran ist, dass du so Platz in dir schaffst für die Gefühle, die du gerne in dir hast.«

»Gefühle entstehen oft durch Erfahrungen. Wenn du beim Klettern vom Baum fällst, kann es sein, dass du Angst entwickelst und dich nicht mehr auf einen Baum traust. Das wäre natürlich schade, denn klettern kann sehr schön sein. Ich finde es toll, auf einem Baum zu sitzen, die Welt von oben anzusehen und den Wind durch mein Fell streichen zu fühlen. Wenn du nach so einem Sturz ein Gefühl von Vorsicht entwickelst, ist das besser. Du kannst weiter Spaß beim Klettern haben, bist aber etwas vorsichtiger und fällst nicht mehr so schnell runter. Und natürlich kletterst du nur so hoch, wie dir es dein Gefühl für deine Sicherheit erlaubt. Solche Gefühle entwickeln sich wirklich nur dadurch, dass du etwas ausprobierst«, erzählt Bärlin.

»Manchmal«, fährt Bärlin fort, »werden Gefühle aber auch von der Mutter oder dem Vater an ein Kind weitergegeben. Kinder sind wie Elfen. Sie können spüren, was Eltern und oft auch andere Menschen fühlen. Darum haben einige Kinder Angst vor Dingen, die sie nie selbst erlebt haben, einfach deshalb, weil die Mutter oder der Vater sehr große Angst davor hat. Aber warum z.B. wasserscheu sein, wenn man noch nie im Wasser war und gar nicht weiß, wie schön es eigentlich ist?«

Bärlin hopst in die Luft und macht ein paar Schwimmbewegungen. Dann taucht er ab und landet wieder neben dir.

»Tja, ich finde, jeder sollte nur seine eigenen Gefühle mit sich herumtragen. Meinst du nicht auch?« Bärlin lacht leise und kratzt seinen Bauch. »Darum«, spricht er weiter, »zeige ich dir jetzt, wie du die störenden und die fremden Gefühle wieder loswirst«. Der Zauberbär nimmt seinen Zauberstab und hüllt dich wieder in das Lichtzelt ein. Während du das Licht in deinen Körper einatmest, entspannst du dich ganz tief. Eine wohlige Wärme breitet sich in deinem Körper aus, während du ihn mit dem Zauberlicht füllst. Alles, was am Tage so wichtig für dich war, ist plötzlich ohne Bedeutung. Du fühlst dich ganz locker und genießt es, einfach so im Lichtzelt auszuruhen.

Machen Sie hier einige Atemzüge Pause.

Plötzlich steht Bärlin neben dir im Lichtzelt. Das Zelt ist ganz
groß und weit geworden, wie ein großes Zimmer.
»Schau«, sagt er, »siehst du den Tisch dort drüben stehen?«
Du siehst dich um und entdeckst einen schönen alten Tisch. Auf
dem Tisch liegen viele verschiedene Sachen. Es gibt dort einen
großen Karton, Papier und Bänder in unterschiedlichen Farben.
»Komm mit«, bittet dich Bärlin, »jetzt zaubern wir alle Gefühle,
die du nicht mehr willst, in den Karton und verschließen ihn.«
Neugierig trittst du mit Bärlin an den Tisch. Du siehst dir an, was
dort liegt, und stellst den Karton vor dich hin.

»Prima«, brummt Bärlin, »dann fangen wir jetzt an.«
Er nimmt seinen Zauberstab und berührt damit deinen Bauch.
»So«, sagt Bärlin, »nun denk an ein Gefühl, dass dich stört und
von dem du vielleicht nicht weißt, wo es herkommt. Ich werde
das Gefühl mit dem Zauberstab aus deinem Bauch heraus-
locken. Du wirst vielleicht ein leichtes Kitzeln im Hals spüren.
Öffne deinen Mund und nimm den Kloß heraus, der dort liegen
wird. Lege ihn in den Karton. Es kommen immer mehr Klöße
aus deinem Bauch nach oben. Das sind all die Gefühle von
Angst, Wut, Trauer, Verzweiflung und was du da sonst noch in
dir hast, die jetzt einfach zu viel sind.«
Du atmest einmal tief durch und machst es, wie Bärlin gesagt
hat. Zuerst kommt es dir komisch vor, Klöße aus dem eigenen
Mund zu holen.
Der Karton vor dir beginnt, sich mit Klößen zu füllen. Diese
Klöße haben ganz unterschiedliche Farben, je nach dem Gefühl,
dass darin verborgen ist. Viele sind jedoch einfach nur grau oder
schwarz. Immer mehr Klöße füllen den Karton.
Bärlins Zauberstab mit dem Stern an der Spitze fühlt sich jetzt
angenehm warm an auf deinem Bauch. Je mehr Klöße er aus
deinem Bauch herauszaubert, desto leichter und wohler fühlst
du dich. Ganz wundervoll leicht und frei ist es nun in dir.

Lassen Sie Ihrem Kind hier ca. 30 Sekunden Zeit.

Dann ist der Karton voll und dein Bauch leer. Bärlin zeigt auf
das Papier auf dem Tisch. »Nun klebe den Karton gut zu und
pack ihn in Papier ein. Binde ein Band darum und klebe den
großen Aufkleber dort drüben, den mit dem blauen Stern, oben
auf.« Bärlin nickt dir zu. »So ist es prima«, sagt er. »Dein Karton ist nun fertig für die kosmische Post.«

Da klopft es plötzlich. Am Rand deines Lichtzeltes erscheint eine
Tür. Bärlin geht mit dir zur Tür und ihr öffnet sie. Draußen steht
ein Engel. Er ist gekommen, das Paket abzuholen, das du ge-
packt hast. Er wird es zum Stern der Wandlungen bringen. Dort
werden alle Klöße in Licht umgewandelt. Dieses Licht kommt
dann auf den Sonnenstrahlen als Freude zur Erde zurück. Der
Engel nimmt das Paket in Empfang, lächelt dir zu und fliegt fort.
Auch die Tür verschwindet wieder. Bärlin sieht dich an.
»So«, sagt er, »das hast du sehr gut gemacht. Nun ruh dich ein
bisschen aus. Denk dabei an alles, was dir Freude macht. Du
hast jetzt Platz in deinem Bauch und kannst dort ganz viele
schöne Gefühle unterbringen. Atme noch eine Weile das Licht
der Freude und des Glücks ein. Daraus besteht ja dein Lichtzelt
heute. Ich komme bald wieder, doch nun muss ich fort.«
Mit diesen Worten hüllt sich Bärlin in seinen Umhang und verschwindet.
Du bleibst noch etwas liegen und füllst deinen Bauch mit
angenehmen Gefühlen aus Erinnerungen an besonders schöne
Erlebnisse.

Machen Sie hier eine kurze Pause.

Nun ist es auch für dich Zeit, wieder zurückzukehren in dein
Zimmer. Alle schönen Gefühle bringst du dabei mit her. Du atmest
einige Male tief ein und aus. Dann dehnst und streckst du dich gut
und öffnest deine Augen. Du bist wieder ganz hier und bei dir.

Der magische Steinkreis
(Eigene Fähigkeiten und Selbstvertrauen stärken)

Der magische Steinkreis nutzt die Fähigkeit des Unterbewusstseins, Kenntnisse und stärkende Gefühle aus einer Situation in eine andere zu übertragen. Die Vorannahme, als etwas älteres Kind mutiger, klüger oder besser zu sein, wird hier benutzt, um das Gewünschte in die Gegenwart zu bringen.

Die Fantasiereise:
Mach es dir bequem und atme einige Atemzüge ganz ruhig und gleichmäßig ein und aus. Nun spür in deinem Körper nach, ob alles gut ist. Jetzt kannst du dich noch zurechtrücken und kratzen, wenn du möchtest. Atme ganz ruhig und gleichmäßig ein und aus. Lass deinen Atem so fließen, wie es für dich angenehm ist. Ja, so ist es gut.

Langsam beginnt dein Körper, sich zu entspannen. Alle Muskeln werden weich und locker. Auch dein Geist möchte sich nun entspannen und die Gedanken an Ereignisse und Personen loslassen. Um das zu erreichen, richtest du deine Aufmerksamkeit auf den Morgen, als du aufgestanden bist. Stell dir vor, wie du noch einmal durch den Tag gehst. Bei jedem Ereignis, an das du dich erinnerst, schwebt eine kleine Lichtkugel im Raum. Diese Lichtkugeln sammelst du ein und steckst sie in deine Tasche. So holst du alle Gedanken und Energien, die noch dort geblieben sind, zu dir zurück.

Auf diese Weise wird dein Kopf immer klarer und freier. Die Gedanken beginnen sich aus deinem Kopf zu lösen und zum Himmel zu schweben. Du spürst, wie du dich mehr und mehr entspannst. Immer ruhiger und gleichmäßiger wird dein Atem, während du deinen Tag betrachtest.

Nicke bitte kurz mit deinem Kopf, wenn du alle Lichtkugeln eingesammelt und die Wanderung durch deinen Tag beendet hast.

Machen Sie hier eine kurze Pause. Nickt das Kind, lesen Sie weiter.

Prima. Das ist gut so. Nun rufe wieder Bärlin, den Zauberbären. Es mag sein, dass er dieses Mal mit einem Hauch von Sternenstaub in dein Zimmer geweht kommt. Vielleicht erscheint er aber auch wie aus dem Nichts in seinem Umhang, mit seinem spitzen Hut und dem leuchtenden Stern auf der Hutspitze. Bärlin nickt dir liebevoll zu. Er klatscht in seine Pfoten und hält seinen Zauberstab in ihnen, wie du es schon von ihm kennst. Sanft berührt er dich mit dem Stern an der Spitze des Zauberstabes und eh du einmal tief ein- und ausatmen kannst, bist du wieder in deinem Lichtzelt. Ich weiß nicht, welche Farbe das Lichtzelt heute hat, doch ist es genau die Farbe, die dir heute besonders guttut. Tief atmest du das Licht ein und entspannst dich noch etwas tiefer.

Machen Sie hier eine kurze Pause.

Bärlin zaubert eine kleine Kiste aus seinem Umhang hervor. Die
stellt er vor sich hin.

»Heute will ich dir zeigen, wie du einen magischen Steinkreis
bauen kannst. Wähle sieben Steine aus diesem Kasten aus und lege
sie zu einem Kreis. Lass zwischen den Steinen etwas Abstand.«

Er öffnet den Deckel der Kiste und du greifst hinein. Einen Stein
nach dem anderen wählst du aus und legst damit einen Kreis
zwischen dir und dem Zauberbären auf dem Boden aus.

»Wunderbar«, lobt dich Bärlin. »Nun reiß dir ein Haar aus und
lege es in den Kreis.«

Während du der Anweisung folgst, zupft auch der Bär an seinem Pelz und legt ein Haar zu deinem in den Kreis. Für einen
Moment seid ihr beide in einen plötzlichen Nebel eingehüllt.

Ein Windhauch bläst über euch hinweg, der Nebel lichtet sich
und du findest dich zusammen mit Bärlin am Rande eines
mächtigen alten Steinkreises, so wie du ihn vielleicht von Fotos
her kennst. In der Mitte steht ein Kind.

Erstaunt erkennst du, dass es sich um dich handelt, nur bist du
schon etwas älter. Dieses ältere Du hat schon viel mehr gelernt
in seinem Leben. Es steht aufrecht und selbstsicher dort an
seinem Platz.

»Schau«, spricht Bärlin zu dir, »dort stehst du mit all den Fähigkeiten, die dir im Moment in deinem Leben fehlen. Dein älteres
Ich weiß schon, wie es schwierige Dinge anpacken muss, damit
sie gelingen. Es zweifelt nicht an seinen Fähigkeiten, sondern
fühlt sich sicher und stark, wo du noch ängstlich und unsicher
bist. Geh hin und nimm seinen Platz ein.«

Dein älteres Ich winkt dir freundlich zu und so wagst du es,
zu ihm in die Mitte des Kreises zu gehen. Freundlich reicht es
dir beide Hände. »Schön, dass du hergekommen bist. Ich habe
dir viel zu geben«, teilt es dir mit. »Stell dich genau hier hin, in
die Mitte des magischen Steinkreises. Spür deutlich den festen,

sicheren Boden unter deinen Füßen. Gut so … Erinnere dich
an eine Situation, in der dir alles gelungen ist, was du getan
hast. Vielleicht hast du ein Spiel gespielt oder etwas zusammen-
gebaut. Es ist ganz egal, was es ist, Hauptsache, du erinnerst
dich an dieses Gefühl, etwas richtig gut zu machen … Ja, so ist
es fein. Und nun schau mich an. Ich bin älter als du, ich habe
viele solcher guten Erfahrungen gemacht. Ich gebe sie nun an
dich weiter. Spür, wie das Gefühl, gut zu sein, etwas ganz sicher
zu können und dies genau zu wissen, nun in dir immer stärker
wird. Atme dabei ganz tief ein und aus.«

Machen Sie hier eine kurze Pause.

»Ja, genau so ist es richtig. Nun hast du es in dir und kannst es
mitnehmen in deine Welt. Bleibe noch ein Weilchen hier im Kreis
stehen. Das Gefühl wird dadurch in dir so sicher und stark wie
die Steine dieses Kreises. Ich ziehe nun weiter, aber wir sehen
uns bestimmt wieder, in einem anderen Steinkreis, in einer anderen Zeit.«
Dein älteres Ich schreitet langsam zum Rand des Steinkreises und
geht zwischen den Steinen hindurch. Dann ist es verschwunden.
Bärlin tritt an deine Seite.
»Nun, fühlst du die Veränderung?«, fragt er dich.
Du spürst noch einmal in dich hinein, um deine neu gewonnene
Sicherheit und Stärke ganz bewusst in dir wahrzunehmen.
»Da du nun deine neue Stärke und Sicherheit deutlich spürst,
mein Freund, ist es an der Zeit zurückzukehren.« Der Zauberbär
bückt sich und hebt zwei feine Haare vom Boden auf. Er legt sie
auf seine Pfote und pustet sie sanft fort. Plötzlich ist wieder der
Nebel da und einen Augenblick später befindest du dich wieder
in deinem Lichtzelt.
Bärlin bittet dich, die Steine einzusammeln, die noch immer
kreisförmig zwischen euch liegen. Du legst sie zurück in den
Kasten und der Zauberbär schließt den Deckel.

»Nicht nur Steine helfen dir, magische Kreise zu legen. Du kannst alles Mögliche dafür verwenden. Sogar bunte Bindfäden eignen sich gut. So kannst du jederzeit spielerisch deine Fähigkeiten stärken und neue Sicherheit gewinnen. Das hilft dir z. B., wenn du dich vor einer Klassenarbeit oder vor dem Zahnarzt fürchtest. Probier es einfach aus.« Der Bär kratzt sich am Bauch. »Ich muss nun wieder fort, aber ich besuche dich bald wieder. Atme noch etwas von deinem wundervollen Licht hier im Lichtzelt ein. Hast du es gemerkt? Die Farbe hat sich verändert.« Mit diesen Worten hüllt sich Bärlin in seinen Umhang und verschwindet.

Du atmest noch einige Male tief ein und aus. Dann beginnst du dich zu rekeln und zu strecken. Wenn du deine Augen öffnest, bist du frisch und munter.

Sie können anstatt »älteres Ich« auch »ältere Lara/älterer Peter« u. Ä. verwenden und so den entsprechenden Satz persönlicher gestalten. Auf Seite 124 finden Sie zu der Fantasiereise eine zusätzliche Übung, die das Selbstvertrauen Ihres Kindes stärkt: die Zauberkreisübung des Zauberbären.

Die Quelle in meiner Mitte
(Ruhe und Vertrauen)

Diese Geschichte stärkt ganz besonders das Urvertrauen und
weckt Erinnerungen an vergangene Geborgenheit. Kinder, die
großen Belastungen ausgesetzt sind, können sich manchmal
nicht daran erinnern, in Liebe und Geborgenheit gelebt zu
haben. Sie fühlen sich besonders verlassen. Die Quelle lässt sie
erkennen, dass sie alles, was sie brauchen, in sich selbst finden.

Die Fantasiereise:
Mach es dir bequem. Schließ deine Augen und spür in deinem
Körper nach, ob alles so ist, wie es dir gefällt. Vielleicht möch-
test du dich noch etwas zurechtrücken oder kratzen. Dann at-
mest du einige Atemzüge ganz ruhig und gleichmäßig in deinen
Bauch. Dabei spürst du, wie sich dein Bauch hebt und senkt.

Nun spür in deinem Körper nach, ob alles gut ist. Jetzt kannst du dich noch zurechtrücken und kratzen, wenn du möchtest. Atme ganz ruhig und gleichmäßig ein und aus. Lass deinen Atem so fließen, wie es für dich angenehm ist … Ja, so ist es gut. Langsam beginnt dein Körper, sich zu entspannen. Alle Muskeln werden weich und locker. Auch dein Geist möchte sich nun entspannen und die Gedanken an Ereignisse und Personen loslassen. Um das zu erreichen, richtest du deine Aufmerksamkeit auf den Morgen, als du aufgestanden bist. Stell dir vor, wie du noch einmal durch den Tag gehst. Bei jedem Ereignis, an das du dich erinnerst, schwebt eine kleine Lichtkugel im Raum. Diese Lichtkugeln sammelst du ein und steckst sie in deine Tasche. So holst du alle Gedanken und Energien, die noch dort geblieben sind, zu dir zurück.

Auf diese Weise wird dein Kopf immer klarer und freier. Die Gedanken beginnen, sich aus deinem Kopf zu lösen und zum Himmel zu schweben. Du spürst, wie du dich mehr und mehr entspannst. Immer ruhiger und gleichmäßiger wird dein Atem, während du deinen Tag betrachtest.

Nicke bitte kurz mit deinem Kopf, wenn du alle Lichtkugeln eingesammelt und die Wanderung durch deinen Tag beendet hast.

Machen Sie hier eine kurze Pause. Nickt das Kind, lesen Sie weiter.

Fein. Nun ist es wieder Zeit, Bärlin, den Zauberbären, zu rufen. Nenne dreimal in Gedanken seinen Namen. Dann wird er da sein.

Bärlin schüttelt seinen Umhang aus und etwas glitzernder Sternenstaub rieselt durch die Luft. Bärlin begrüßt dich freundlich. Nun fragt er dich: »Ist in den letzten Tagen etwas geschehen, was dir Sorgen macht? Dann erzähl mir jetzt davon. Ich werde dich in dein Lichtzelt hüllen und dir zeigen, was du tun musst, damit du dich wieder gut fühlst. Bist du bereit?«

Bärlin klatscht in die Pfoten. Dann hebt er seinen Zauberstab
und lässt Licht erstrahlen. Das Licht hüllt dich ein und du liegst
ganz entspannt in dem Lichtzelt aus wunderbarem Sternenlicht.
Tief und gleichmäßig atmest du das Licht ein. Es erfüllt dich mit
Ruhe und Vertrauen. Je mehr Licht du in deinen Körper hinein-
atmest, desto mehr Ruhe und Vertrauen breiten sich in dir aus.
Und da steht Bärlin auf zauberhafte Art neben dir im Lichtzelt.
Wie macht er das bloß?

»So«, sagt Bärlin, »gleich geht es los. Ich werde dich und mich
mit meinem Zauberstab berühren. Dann verwandeln wir uns in
kleine Lichtpunkte und fließen mit deinem Atem in deinen Körper hinein. Wir gehen auf eine tolle Entdeckungsreise zur Quelle
in deinem Körper.«
Bärlin streckt seine Pfoten aus und berührt dich mit seinem
Zauberstab. Für einen Moment ist es plötzlich ganz hell um dich
herum. Dann bemerkst du, dass du auf einem Lichtstrahl sitzt.
Bärlin ist neben dir und hält deine Hand. Der Lichtstrahl fließt
mit einer gleichmäßigen, sanften Bewegung auf eine große Nase
zu. Uups, das ist ja deine Nase! Und schon bist du drin. Schau
dich um, vielleicht kannst du die kleinen Härchen sehen, die den
Staub aus der Luft abfangen.
Immer weiter geht die Reise. Es ist nicht immer zu erkennen,
wo du dich mit Bärlin gerade befindest. An Bärlins lustigem
Lächeln kannst du sehen, wie viel Spaß er an dieser Reise hat.
Noch einmal wird es hell. Dann erkennst du eine sprudelnde
Quelle.
Bärlin sieht dich an. Er erzählt: »Diese Quelle ist die Quelle
deiner Kraft. Sie ist nicht als wirkliche Wasserquelle in deinem
Bauch. Sie ist eine Art unsichtbare Energie in dir. Nur du kannst
sie so wahrnehmen, wie du sie jetzt hier siehst. Dieser Ort in
deinem Bauch ist eine Art Traumort. Und doch ist er irgendwie
da. Na ja, du weißt ja, wie das ist. Alles ist ein bisschen verzau-
bert. Heute bin ich mit dir hier, um dir deine Quelle zu zeigen.
Du kannst von nun an auch alleine herkommen. Stell dir einfach

vor, du reitest auf einem Lichtstahl. Das kann ein Sonnenstrahl, ein Mondstrahl, ein Sternenlicht oder ein Licht aus deiner Fantasie sein. Das ist ganz egal. Alle Lichtstrahlen funktionieren. So, nun wollen wir deine Sorgen wegspülen.« Bärlin führt dich an deine Quelle heran. »Komm, schau sie dir genau an«, sagt er. »Siehst du, wie wunderschön kräftig sie fließt und wie schön das Wasser schimmert?

Wenn es dir bei einem deiner Besuche hier mal nicht so schön vorkommt, dann halte einfach deine Hände über die Quelle und öffne dein Herz. Dann lass das Licht aus deinem Herzen in die Quelle fließen und es ist alles wieder gut. Komm ein Stück mit mir mit. Am Fuß der Quelle ist ein Becken. Ja, dort. Halt mal deine Hand rein. Das Wasser ist schön warm. Nun leg dich in das Becken und lass das Wasser der Quelle über deinen Körper fließen.« Bärlin sieht dir zu, während du ins Wasser gleitest. Du liegst in dem Becken wie in einer gemütlichen Badewanne. Das Quellwasser fließt nun über deinen Körper und langsam beginnt es, auch durch deinen Körper hindurchzufließen. Dabei spült es alle deine Sorgen und Nöte fort. Die wunderbare Zauberenergie des Wassers hinterlässt in dir ein tiefes Gefühl von Leichtigkeit und Fröhlichkeit. Vielleicht fallen dir dazu Ereignisse ein, die du erlebt oder von denen du gehört hast, in denen du voller Fröhlichkeit gewesen bist.

Bärlin lässt dir Zeit, das Bad im Quellwasser zu genießen. Dabei hast du den Eindruck, dass alle Ereignisse, die dich vorher belastet haben, gar nicht so wichtig sind. Das kommt durch das Wasser. Es macht Platz für Ruhe und Vertrauen in dir. Mit einem Mal weißt du, dass dir immer geholfen wird, wenn du Hilfe brauchst. Manchmal kommt diese Hilfe allerdings ganz anders, als du erwartet hast.

Genieße nun eine Weile das Bad im Quellwasser, bis du meine Stimme wieder hörst.«

Machen Sie hier eine kurze Pause.

Das Wasser, das aus deinem Körper herausgeflossen ist, war eine Zeit lang dunkler als vorher. Doch nun ist es wieder hell und klar.

»Wenn das Wasser wieder klar ist, sind deine Sorgen fort. Meistens dauert es nicht lange, dann sind auch die Sorgen in deinem Alltag fort«, erklärt Bärlin.

Der Zauberbär reicht dir seine Pfote, damit du leichter aus dem Wasser herauskommst. »So, nun wollen wir wieder zu unserer wirklichen Größe zurückkehren. Das ist ganz einfach und du kannst es auch alleine. Pass einmal auf.«

Bärlin stellt sich vor dich hin. Dann spricht er: »Schließ deine Augen gut zu. Spann deinen Po einmal kräftig an und halte ihn einen Moment so. Gut. Nun atme ein und atme mit einem lauten ›Hu‹ kräftig wieder aus.«

Du hörst Bärlin »Hu« machen. »Super«, sagt er. »Wenn du dich nun umschaust, bist du wieder groß!« Bärlin sitzt neben dir und lächelt dich an. »Gut«, brummt er bärig, »ich muss jetzt wieder los. War eine tolle Reise mit dir. Also, bis zum nächsten Mal.«

Der Zauberbär hüllt sich in seinen Umhang und verschwindet. Auch für dich ist es Zeit, deine Reise zu beenden und in deine Welt zurückzukehren. Atme nun einige Male tief ein und aus und bewege sanft deinen Körper. Strecke Arme und Beine und öffne deine Augen, voller Leichtigkeit und Fröhlichkeit.

Durch das Labyrinth
(Zuversicht)

Im Labyrinth erfährt Ihr Kind, dass sich manches Hindernis einfach auflöst, indem man sich dem Problem stellt und darauf zugeht, anstatt auszuweichen. Es lernt, dass man Zuversicht wie einen Zauberstab nutzen kann. Nun ist es in der Lage, sich dem Leben zu stellen, anstatt ihm auszuweichen.

Die Fantasiereise:

Mach es dir bequem und atme einige Atemzüge ganz ruhig und gleichmäßig ein und aus. Nun spür in deinem Körper nach, ob alles gut ist. Jetzt kannst du dich noch zurechtrücken und kratzen, wenn du möchtest. Lass deinen Atem so fließen, wie es für dich angenehm ist … Ja, so ist es gut.
Langsam beginnt dein Körper, sich zu entspannen. Alle Muskeln werden weich und locker. Auch dein Geist möchte sich nun entspannen und die Gedanken an Ereignisse und Personen los-

lassen. Um das zu erreichen, richtest du deine Aufmerksamkeit auf den Morgen, als du aufgestanden bist. Stell dir vor, wie du noch einmal durch den Tag gehst. Bei jedem Ereignis, an das du dich erinnerst, schwebt eine kleine Lichtkugel im Raum. Diese Lichtkugeln sammelst du ein und steckst sie in deine Tasche. So holst du alle Gedanken und Energien, die noch dort geblieben sind, zu dir zurück.

Auf diese Weise wird dein Kopf immer klarer und freier. Die Gedanken beginnen, sich aus deinem Kopf zu lösen und zum Himmel zu schweben.

Du spürst, wie du dich mehr und mehr entspannst. Immer ruhiger und gleichmäßiger wird dein Atem, während du deinen Tag betrachtest.

Nicke bitte kurz mit deinem Kopf, wenn du alle Lichtkugeln eingesammelt und die Wanderung durch deinen Tag beendet hast.

Machen Sie hier eine kurze Pause. Nickt das Kind, lesen Sie weiter.

Nun rufst du wieder dreimal Bärlins Namen und … wusch … schon ist er da.

Ein paar Regentropfen glänzen auf Bärlins Umhang. Er kommt direkt aus dem tropischen Regenwald zu dir. Dort hat er ein Kind besucht, das bei einem Indianerstamm im Dschungel lebt. Das Leben dort bei diesem Indianerstamm ist sehr einfach. Die Leute wohnen in Strohhütten und graben Yamswurzeln mit Hilfe von langen Stöcken aus dem Boden aus. Die Männer gehen mit Pfeil und Bogen auf die Jagd.

»Ja«, sagt Bärlin, nachdem er dich begrüßt hat, »dieses Kind sorgt sich um die Zukunft seines Stammes. Holzfäller sind in die Gegend gekommen und wollen die Bäume fällen. Das kann für diesen Stamm große Probleme bringen. Doch sie haben einen mächtigen Medizinmann und einen klugen Häuptling. Von ihnen kann das Indianerkind viel lernen und seinem Stamm helfen. Ich hab ihm heute Nacht gezeigt, wie das funktioniert.«

Noch einmal schüttelt Bärlin seinen Umhang aus. Ein paar Trop-
fen spritzen glitzernd durch die Luft.

»Fein«, brummt er dann, »hier ist es schön trocken. Da hat
mich doch auf dem Rückweg ein tropischer Regenschauer er-
wischt. Nun, zumindest hat er den Wüstensand aus dem Umhang gespült.«

Bärlin macht es sich neben dir bequem. »Was hältst du davon«, fragt er, »wenn ich dir heute einen eigenen Zauberstab
schenke?« Bärlin lächelt dich verschmitzt an. »Prima«, sagt er,
»dann hülle ich dich jetzt in das Licht der Zuversicht. Schau, aus
meinem Zauberstab fließt kosmisches Licht und hüllt dich ein.
Das kennst du ja schon. Nun atme das Licht in deinen Körper
ein. Das Licht der Zuversicht gibt dir das Gefühl, dass du alles
schaffen kannst, was du wirklich schaffen willst. Wahrscheinlich
ist irgendwo in dir eine Erinnerung daran verborgen. Je mehr
Licht du einatmest, desto deutlicher kommt diese Erinnerung
wieder hervor. Bald kannst du die Zuversicht genau spüren.«

Das Lichtzelt um dich herum wird groß und leuchtet in einer
wunderschönen Farbe, die nur du erkennen kannst.

Du atmest ganz ruhig und gleichmäßig, so wie es ist, kurz bevor
du abends einschläfst. Bärlin sitzt nun wieder neben dir im
Lichtzelt.

Sehr langsam beginnt dein Lichtzelt zu schweben. An einer Stelle
wird das Licht ganz durchsichtig und du kannst hinaussehen.
Immer höher und höher geht es. Unter dir ziehen die Häuser
der Stadt wie Spielzeughäuser vorbei. Dann schwebst du über
Wiesen, Bäche, Wälder und Hügel. Du kannst die Tiere auf den
Weiden sehen. Vögel fliegen an dir vorbei. Alles ist klein und
irgendwie unwichtig.

Nach einiger Zeit beginnt das Lichtzelt wieder zur Erde hinun-
terzuschweben. Sanft setzt es auf einer Wiese auf.

»So«, wendet sich Bärlin an dich, »wir sind da. Komm mit.«
Bärlin führt dich ein Stück über die Wiese. Wunderschöne, kleine
Blumen wachsen dort und verbreiten einen feinen, süßen Duft.

An einer dichten, hohen Hecke bleibt Bärlin stehen. In der Hecke ist ein Torbogen, durch den man hindurchgehen kann. Genau davor liegt ein großer Stein. Bärlin bückt sich und berührt
den Stein mit seinem Zeigefinger. Plötzlich kommt der Stein ein
Stück hoch und trippelt auf sechs kurzen Beinen etwas zur Seite.
Unter dem Stein ist ein Loch im Boden. In diesem Loch liegt ein
Stock. Er ist halb so lang wie dein Unterarm und sieht auf den
ersten Blick langweilig aus. Eben wie ein ganz normaler Stock.
»Nimm ihn heraus«, fordert Bärlin dich auf. Du bückst dich
und nimmst den Stock aus dem Loch. Kaum hast du ihn in der
Hand, beginnt er sanft zu glühen. Warm liegt er in deiner Hand,
so als wäre er dort zu Hause. Der Stein trippelt wieder über das
Loch und setzt sich darauf, als wäre er nie weg gewesen.
»Dies«, erklärt Bärlin, »ist dein ganz persönlicher Zauberstab.
Du wirst ihn brauchen, wenn du jetzt durch das Tor in der
Hecke hinein in das Labyrinth gehst. Es ist das Labyrinth deines
Lebens. Dorthin musst du ohne mich gehen. Doch werde ich auf
der anderen Seite auf dich warten. Wenn du dich entscheiden
musst, ob du nach rechts oder nach links gehen sollst, folge einfach deinem Gefühl oder deiner inneren Stimme. Dein Zauberstab wird dunkle Wege beleuchten und dir weiterhelfen, wenn
du nicht weiterweißt.« Bärlin umarmt dich und verschwindet.
Du hältst nun deinen Zauberstab leicht nach vorn und gehst
durch den grünen Torbogen in der Hecke hinein in das Labyrinth. Zuerst geht es ein Stück gerade aus. Dann geht es um
die Ecke. Mal nach rechts, mal nach links – immer weiter und
weiter gehst du. Irgendetwas in dir sagt dir, wo du entlanggehen musst. Die Hecke wird dichter und höher. Dann nach einer
weiteren Abzweigung stehst du auf einer Lichtung. Dort, wo du
hergekommen bist, ist der Weg mit einem Mal zugewachsen.
Vor dir steht eine Mauer. Ich weiß nicht, ob sie aus grauen oder
aus roten Steinen ist.
Es gibt kein Zurück, es gibt nur ein Vorwärts. Dein Zauberstab
beleuchtet die Mauer.

Einzelne Buchstaben erscheinen auf der Mauer. Vielleicht kannst du sie lesen. Wenn nicht, ist es auch in Ordnung. Du schaust die Mauer an und plötzlich weißt du, was sie bedeutet. Diese Mauer steht hier vor dir stellvertretend für ein Problem, eine Schwierigkeit in deinem Leben. Du denkst an Bärlins Worte über deinen Zauberstab. Er wird dir weiterhelfen. Voller Zuversicht fasst du den Zauberstab und hältst ihn an die Mauer. Da hörst du plötzlich Bärlins Stimme.

»Nichts ist so, wie es zu sein scheint«, ruft er dir zu.

Mutig gehst du auf die Mauer zu. Da löst sie sich auf und du kommst heraus aus dem Labyrinth auf eine wundervolle Wiese. Obstbäume voller Früchte stehen dort, Bienen sammeln Honig und Bärlin erwartet dich lächelnd unter einem Baum.

»Das hast du gut gemacht«, sagt er und klopft dir auf die Schulter. »Nun weißt du es: Nichts ist so, wie es zu sein scheint. Wenn also ein Problem scheinbar unüberwindlich vor dir steht, geh einfach darauf zu. Hab Vertrauen und Zuversicht, dann verliert es seine Macht über dich und löst sich auf. Wenn du z. B. Angst hast, etwas Unangenehmes zu sagen, vielleicht, weil du etwas kaputt gemacht hast, denke an das Labyrinth und deinen Zauberstab. Und trau dich einfach und sag es. Deine Angst davor verschwindet sofort wie diese Mauer.«

Bärlin legt sich in das weiche Gras. »Komm, ruh dich mit mir noch etwas aus.«

Und so legst auch du dich ins Gras, schließt die Augen und hörst dem Summen der Bienen und dem Zwitschern der Vögel zu.

Machen Sie hier eine kurze Pause.

Nun bist du ausgeruht. Auch Bärlin ist wieder wach. Er schlendert mit dir über die Wiese und nascht mit dir von den Früchten der Bäume.

Dann führt er dich zurück zu deinem Lichtzelt. Du setzt dich hinein und Bärlin verabschiedet sich von dir. Das Lichtzelt

beginnt zu schweben. Wieder kannst du die Welt von oben
betrachten. Du bist ganz gelassen und voller Zuversicht. Du bist
durch das Labyrinth des Lebens gegangen und hast eine wichtige
Erfahrung gemacht. Du hast ein Problem erkannt und es gemeis-
tert. Von nun an wirst du vor nichts mehr fortlaufen müssen.
Mit Hilfe deines neuen Wissens und natürlich deines geheimen
Zauberstabes kannst du alle Schwierigkeiten überwinden.
Das Lichtzelt setzt sanft dort auf, wo es vorhin mit dir abgeflo-
gen ist. Noch einmal atmest du das Licht der Zuversicht tief in
dich ein. Dann dehnst und reckst du dich und erwachst ganz
frisch und munter.

Muscheln am Strand
(Eigenschaften verändern)

In dieser Geschichte arbeitet der Zauberbär an den persönlichen Eigenschaften Ihres Kindes. Die kleine Petze, der »Alleskaputt-Macher«, der Angsthase, sie alle können ihre ungünstigen Eigenschaften dem Meer übergeben und sich dafür etwas Besseres aussuchen. Durch diese Beschäftigung nimmt das Kind sich mit all seinen Eigenschaften an, erlaubt sich eine eigene, kritische Einschätzung und schafft für sich selbst neue Verhaltensmöglichkeiten.

Die Fantasiereise:
Leg dich bequem auf den Rücken, so wie du es schon kennst. Lass deinen Atem fließen, wie es ihm gefällt und nimm dir einen Moment Zeit für deine Gedanken. Was fällt dir gerade ein? Schenke den augenblicklichen Gedanken, vielleicht an eine Fernsehsendung, ein Spiel mit Freunden, die Schule oder dein Lieblingscomputerspiel einen Moment deiner Zeit. Gedanken

mögen es, beachtet zu werden. Dann können wir sie leichter loslassen, als wenn sie verdrängt werden.

Lassen Sie hier Ihrem Kind 30 Sekunden bis eine Minute Zeit.

Nun verabschiede dich von diesen Gedanken. Puste sie einfach in einen Luftballon. Stell dir vor, wie der Ballon immer größer und immer leichter wird, je mehr deiner Gedanken er aufnimmt. Dann löst er sich und schwebt zum Himmel.
Immer kleiner und kleiner wird er, bis du ihn nicht mehr sehen kannst. Alle weiteren Gedanken, die dich ablenken könnten, fließen ganz automatisch in den nächsten Luftballon und füllen diesen, bis auch er zum Himmel schwebt. So geht es immer weiter. Du brauchst dich jetzt gar nicht mehr darum zu kümmern.
Fühl einmal in deinem Körper nach, ob du ganz bequem liegst oder ob du dich noch etwas zurechtrücken möchtest. Manchmal muss man sich noch ausgiebig kratzen, bevor man sich wohl fühlt.
Nun ruf wieder Bärlin herbei.
Schwupp, schon ist der Zauberbär da. Mit einem verschmitzten Lächeln hält er seinen Zauberstab an deine Fußsohlen. Eine wunderbare Wärme beginnt, von den Füßen aus in deinen Körper zu fließen. Bärlin bleibt einen Moment bei deinen Füßen sitzen, bis du dich ganz kuschelig warm fühlst. Vielleicht kennst du das Gefühl von einem Raum mit Fußbodenheizung. Vielleicht hast du aber auch schon deine Füße auf die Heizung gelegt, wenn sie im Winter ordentlich kalt geworden sind. Nun bist du von Fuß bis Kopf warm. Dein Körper ist ganz ruhig und entspannt und du bist neugierig, wohin die nächste Reise mit dem Zauberbären gehen wird.
»Heute«, sagt Bärlin, nachdem er dich zur Begrüßung umarmt hat, »heute machen wir eine Reise ans Meer. Ich liebe das Meer. Ich tolle gerne in den Wellen herum und lasse mich sanft vom Wasser schaukeln, während die Sonne auf meinen Pelz scheint.

Außerdem sammle ich für mein Leben gerne Muscheln. Magst du das auch?«

Bärlin sieht dich an und setzt sich an deine Seite. »Diese Reise ans Meer hat eine ganz besondere Bewandtnis. Sie ist nicht nur eine schöne Erholungsreise – nein, ich zeige dir, wie du Eigenschaften, die dir an dir selbst nicht gefallen, verändern kannst, und wie du Eigenschaften, die du gerne hättest, in dich aufnimmst. Klingt spannend, nicht?«

Bärlin hopst hoch und breitet seinen Umhang aus. Auf der Innenseite kannst du die Sterne glitzern sehen, so als würdest du ganz tief in den Himmel hineinsehen. Dann hält er wieder seinen Zauberstab über dich. Aus dem Stern fließt helles Licht und hüllt dich als Lichtzelt ein. Du atmest das Licht ruhig und tief ein. Es ist das Licht der Veränderung. Je mehr du davon in dich hineinatmest, desto leichter wird es dir fallen, mit Veränderungen in deinem Leben umzugehen und auch dich selbst zum Besseren zu verändern.

Das Licht wird noch etwas heller und dann steht Bärlin neben dir im Lichtzelt.

»Schau mal«, sagt er und deutet auf eine Wand deines Zeltes, »dort hinaus geht es an den Strand.« Bärlin schnippt einmal mit dem Finger und die Zeltwand öffnet sich. Ein sanftes Meeresrauschen dringt an dein Ohr. Bärlin reicht dir seine Pfote. Zusammen geht ihr hinaus. Weicher Sand ist unter deinen Füßen und du stellst fest, dass du barfuß bist. Die Wellen plätschern sanft an den Strand. Möwen fliegen über das Wasser auf der Suche nach Fischen. Bärlin sammelt ein paar große Steine und legt daraus einen Kreis. Dann sammelt er getrocknetes Treibholz. Im Nu flackert ein gemütliches Lagerfeuer am Strand.

»Komm, setz dich einen Moment zu mir«, fordert Bärlin dich auf. Aus seinem Umhang zaubert er ein erfrischendes Getränk und ein paar leckere Kekse hervor. Dann bittet er dich: »Denk mal darüber nach, ob es Eigenschaften an dir selbst gibt, die du nicht so gerne magst. Vielleicht Ungeduld oder Faulheit oder

Traurigkeit. Vielleicht bist du ja ein kleiner Angeber oder ein
Angsthase. Es ist möglich, dass dir nicht gleich etwas einfällt.
Das macht nichts. Es reicht, wenn du daran denkst, dass es
etwas geben könnte.«
Bärlin nimmt seinen Zauberstab und berührt damit deinen
Rücken. Ein Rucksack erscheint auf deinem Rücken. Er ist ziemlich schwer.
»Siehst du«, sagt Bärlin lächelnd, »wenn du daran denkst, dass
es etwas an dir gibt, das du lieber verändern möchtest, erscheint
dieser Rucksack. Da ist alles drin. Nimm ihn jetzt von Rücken
herunter und schau hinein. Es sind Steine darin. Jeder Stein bedeutet eine unangenehme Eigenschaft. Nimm die Steine einzeln
aus dem Rucksack. Nun wirf einen nach dem anderen weit
hinaus in das Meer. Sag dabei: ›Hiermit lasse ich meine Ungeduld los, hiermit lasse ich meine Ängste los, hiermit lasse ich
meine Traurigkeit los, hiermit lasse ich meine schlechten Ange-
wohnheiten los.‹ Und wenn dir nichts mehr einfällt, sind auch
die Steine alle weg und der Rucksack ist leer.«
Bärlin führt dich ganz dicht an das Wasser. »Ich lass dich jetzt
einen Moment allein«, sagt er zu dir. »Nicke mit dem Kopf,
wenn du fertig bist, dann komme ich wieder.«
Bärlin verschwindet und du beginnst, die Steine aus dem Rucksack zu nehmen und weit hinaus in das Meer zu werfen, so wie
der Zauberbär es dir gesagt hat.

*Machen Sie hier eine kurze Pause. Nickt das Kind, lesen Sie
weiter.*

»Gut«, hörst du Bärlins Stimme nach einer Weile hinter dir.
»Jetzt ist der Rucksack leer und du kannst all die guten Eigen-
schaften hineintun, die du gerne hättest. Eigenschaften wie Mut,
Geduld, Liebenswürdigkeit, Freundlichkeit, Klugheit, Spaß beim
Lernen, Lust zu lachen und was dir sonst noch so in den Sinn
kommt.«

Der Zauberbär führt dich ein Stück am Strand entlang. »Siehst du die bunten Muscheln hier im Sand?«, fragt er dich. »Das sind all die guten Eigenschaften, die du gerne hättest. Heb sie auf und leg sie in deinen Rucksack. Schau sie dir gut an. Sie sind von nun an ein Teil von dir.«

Du gehst langsam über den Strand und hebst eine Muschel nach der anderen auf. Sieh dir ihre Farben und Formen an. Sie sind alle verschieden und glänzen in den schönsten Farben. So füllst du langsam deinen Rucksack mit all den guten Eigenschaften, die du gerne hättest.

Machen Sie hier eine kurze Pause.

»Gut«, hörst du Bärlin sagen, als dein Rucksack voll ist. »Nun nimm ihn auf deinen Rücken. Spürst du, wie leicht und angenehm er sich anfühlt?« Bärlin berührt dich wieder mit seinem Zauberstab und der Rucksack ist verschwunden. Er hat sich ganz mit dir verbunden. Die guten Eigenschaften in ihm sind nun in dir.

Bärlin setzt sich mit dir an ein Lagerfeuer. Langsam wird es Abend. Die Sonne geht über dem Meer unter und die Sterne kommen heraus.

»Es wird Zeit, dass wir zurückkehren«, sagt der Zauberbär. Er hebt seinen Zauberstab und hüllt euch beide in Licht. Wieder ist es das Licht der Veränderung, das dich umhüllt. Bärlin umarmt dich und verabschiedet sich von dir. Für heute ist seine Aufgabe erledigt und auch du kannst jetzt wieder in deine Welt zurückkehren.

Nimm dafür einen ganz tiefen Atemzug. Mach dir die Unterlage bewusst, auf der du liegst. Spür in deinen Körper hinein und spanne alle Muskeln kurz und kräftig an. Dann atme tief ein und aus und öffne deine Augen. Nun bist du wieder ganz wach, frisch und munter.

Im Zauberwald
(Ruhe und Sicherheit)

In dieser Geschichte darf Ihr Kind die Ruhe und die Kraft eines
Baumes in sich aufnehmen und dadurch eine neue innere Sicherheit aufbauen. Besonders Kinder, die immer irgendwo weit oben
zu schweben scheinen, mit ihren Gedanken stets woanders sind
und selten Ruhe finden, können neue Wurzeln bilden und dabei
ruhiger und sicherer werden.

Die Fantasiereise:
Mach es dir bequem. Schließ deine Augen und spür in deinem
Körper nach, ob alles so ist, wie es dir gefällt. Vielleicht möchtest
du dich noch etwas zurechtrücken oder kratzen. Dann atmest du
einige Atemzüge ganz ruhig und gleichmäßig in deinen Bauch.
Dabei spürst du, wie sich dein Bauch hebt und senkt. Auf und
ab, auf und ab, auf und ab.
Nun spür in deinem Körper nach, ob alles gut ist. Jetzt kannst
du dich noch zurechtrücken und kratzen, wenn du möchtest.

Atme ganz ruhig und gleichmäßig ein und aus. Lass deinen Atem
so fließen, wie es für dich angenehm ist. Ja, so ist es gut.
Langsam beginnt dein Körper, sich zu entspannen. Alle Muskeln werden weich und locker. Auch dein Geist möchte sich nun
entspannen und die Gedanken an Ereignisse und Personen loslassen. Um das zu erreichen, richtest du deine Aufmerksamkeit
auf den Morgen, als du aufgestanden bist. Stell dir vor, wie du
noch einmal durch den Tag gehst. Bei jedem Ereignis, an das du
dich erinnerst, schwebt eine kleine Lichtkugel im Raum. Diese
Lichtkugeln sammelst du ein und steckst sie in deine Tasche. So
holst du alle Gedanken und Energien, die noch dort geblieben
sind, zu dir zurück.

Auf diese Weise wird dein Kopf immer klarer und freier. Die
Gedanken beginnen, sich aus deinem Kopf zu lösen und zum
Himmel zu schweben. Du spürst, wie du dich mehr und mehr
entspannst. Immer ruhiger und gleichmäßiger wird dein Atem,
während du deinen Tag betrachtest.
Nicke bitte kurz mit deinem Kopf, wenn du alle Lichtkugeln eingesammelt und die Wanderung durch deinen Tag beendet hast.

*Machen Sie hier eine kurze Pause. Nickt das Kind, lesen Sie
weiter.*

Nun ruf wieder Bärlin, den Zauberbären, herbei.
Ah, da ist er ja schon. Sind das Blätter, die da von seinem Umhang herunterrieseln?
»Hallo«, sagt Bärlin, »schön, wieder bei dir zu sein. Entschuldi-
ge bitte das Laub. Ich werde es gleich aufsammeln.«
Bärlin schüttelt seinen Umhang aus und noch mehr Blätter fallen
aus seinen Falten. Auch ein paar kleine Zweige und Nüsse sind
dabei.
»Ich komme gerade aus dem Zauberwald«, erklärt er. »Da gehe
ich immer gerne hin, wenn ich mich nach Waldstimmung, Kraft
und Ruhe sehne. Die Bäume im Zauberwald sind sehr alt und

haben schon viel gesehen. Ihre Stämme sind so dick, dass zehn
Kinder, die sich an den Händen fassen, nicht drum herumkom-
men. Natürlich gibt es auch jüngere Bäume, Baumkinder. Doch
auch die sind schon mindestens 100 Jahre alt. Für einen Baum
ist das jung. Ein Mensch ist mit 100 Jahren uralt. Bäume hat es
schon vor den Menschen auf der Erde gegeben und sie haben
viele Jahrhunderte als Freunde zusammengelebt. Der Mensch
hat den Baum geachtet und nur so viele Bäume gefällt, wie er
brauchte. Doch als Burgen und Bergwerke gebaut und mehr Holz
gebraucht wurde, als es immer mehr Menschen auf der Erde
gab, da schlugen die Menschen die Wälder klein. Heute werden
Bäume gefällt, nur um durch den Holzverkauf reich zu werden.
Das nehmen die Bäume den Menschen übel. Aber an die Bäume
im Zauberwald kommt keine Axt und keine Maschine heran. Es
ist herrlich, unter den hohen Bäumen zu gehen und die Wipfel
so hoch oben zu betrachten. Kein Baum hier ist so hoch wie im
Zauberwald. Das Laub ist im Herbst voller bunter Farben und
die Sonne malt mit ihrem Licht die schönsten Farbspiele. Wenn
das Laub zu Boden fällt, ist es wie ein dicker, weicher Teppich.
Du kannst dich nachts zum Schlafen darauflegen und liegst wie
auf einer weichen Matratze. Am Morgen wecken dich die Vögel
mit ihren Liedern und die Eichhörnchen bringen dir Nüsse zum
Frühstück.«
Bärlin holt tief Luft. »Oh, ich gerate ins Schwärmen.« Er sieht
dich aufmerksam an. »Nun«, fragt er dich, »was hältst du davon,
wenn wir einen Ausflug dorthin machen? Hast du Lust, den
Zauberwald kennen zu lernen?«
Bärlin rückt seinen Hut zurecht und klatscht in die Pfoten.
Schwupp sitzt er auf seinem Zauberstab. Er schnippt mit einem
Finger und – hoppla – da sitzt auch du dort, direkt hinter ihm.
»Halt dich fest und mach die Augen zu«, ruft er. » Es geht los!«
Du schließt die Augen und legst deine Arme um Bärlins Bauch.
Er fühlt sich ganz kuschelig und beruhigend sicher an. Auch der
Zauberstab kommt dir breit und bequem vor. Nun, es ja auch

ein Zauberstab. Du spürst den Wind auf den Wangen und im
Haar, als Bärlin mit dir durch Raum und Zeit fliegt, weit fort zum
Zauberwald.

Dann steigt ein wunderbarer Geruch in deine Nase. Eine frische,
harzige Waldluft, vermischt mit dem Geruch von Moos, Laub
und Blumen. »So«, sagt Bärlin, »wir sind da.«

Du öffnest deine Augen und siehst dich um. Dein Blick fällt
zuerst auf deine Füße. Sie stehen auf einem weichen Moosbett.
Kleine Glockenblumen mit zauberhaften blauen Blüten stehen
ganz in der Nähe. Deine Augen wandern umher. Die Bäume
sind wirklich genau so riesig und dick, wie Bärlin es erzählt hat.
Doch stehen sie in angenehmer Entfernung. Die Sonne scheint
warm hindurch und die Büsche unter den Bäumen bekommen
auf diese Weise genug Licht, um gesund und kräftig zu wachsen. An den Büschen wachsen Früchte. Du erkennst Blaubee-
ren, Johannisbeeren und eine dornige Brombeerhecke. Bärlin
lädt dich ein, von den Früchten zu naschen, während er mit dir
durch den Wald wandert. Er pflückt ein großes, dickes Blatt
und formt daraus eine Schale. Gemeinsam füllt ihr die Früchte

hinein. Gerade als die Blattschale voll ist, kommt ihr an einen
klaren Bach. Bärlin fordert dich auf, dich dort hinzusetzen. Das
Wasser schmeckt kühl und erfrischend, die Früchte sind köstlich
süß. Die Sonne scheint warm auf dich herab und du bist ganz
entspannt. Es ist wunderschön hier im Zauberwald. Während
du am Ufer des Baches sitzt, siehst du dich um. Immer wieder
entdeckst du etwas Neues. Libellen und Schmetterlinge von
erstaunlicher Größe und Farbenpracht fliegen umher. Waldamei-
sen ziehen auf ihrer Ameisenstraße entlang und tragen Tannen-
nadeln, Blattstücke, Früchte und Pilze. Sogar einen ansehnlichen
toten Regenwurm transportieren sie zu ihrem Ameisenhaufen.
Auch Bärlin genießt die Ruhe und den Frieden im Zauberwald.
Doch nach einer Weile bittet er dich, mit ihm weiterzugehen. Er
führt dich einen sandigen Pfad entlang, über einen Hügel und
hinaus auf eine Lichtung. Hier steht ein großer Baum, zu dem du

dich plötzlich auf seltsame Art und Weise hingezogen fühlst. Du
gehst auf den Baum zu und umarmst ihn. Du fühlst dich willkommen und geborgen dort an seinem Stamm. Du spürst seine
Rinde an deiner Wange, die Stärke des Stamms in deinen Armen,
den Waldboden unter deinen Füßen. Bärlin tritt an dich heran
und berührt dich mit seinem Zauberstab. Ein wohliges Kribbeln
geht durch deinen Körper und du spürst, dass sich etwas verändert. Die Bäume um dich herum, sind mit einem Mal nicht mehr
so groß. Bärlin steht dafür ganz klein unter dir. Du spürst in
deinen Körper hinein und plötzlich wird dir bewusst, dass du
ein Baum bist. Bärlin erscheint auf einem deiner Äste.
»Hallo, mein Freund«, ruft er, »ich habe dir ein Geschenk gemacht. Für eine Weile darfst du Baum sein, hier im Zauberwald.
Spür mal, wie sich deine Wurzeln in der Erde anfühlen. Ganz
tief hinein wachsen sie. Dick und kräftig halten sie dich sicher
auf der Erde, auch bei starkem Sturm. Wasser und Nährstoffe
steigen in ihnen hinauf und versorgen dich, deine Äste, Zweige
und Blätter. Spürst du das Sonnenlicht auf deinen Blättern? Seine
warme Energie wird von den Blättern aufgenommen. Ich lass
dich jetzt ein bisschen allein, bis es Zeit ist, dich wieder zurück-
zuverwandeln.«
Bärlin verschwindet mit einem lockeren Schwung seines weiten
Umhangs.
Du fühlst dich hinein in das Baum-Sein. Groß und stark fühlst
du dich, sicher verwurzelt in der Erde. Vögel kommen geflogen
und beginnen, ihre Nester in deinen Zweigen zu bauen. Dein
dichtes Laub schützt sie vor Regen. Auch Eichhörnchen klettern
an deinem Stamm entlang und spielen Fangen. Die Bäume in
deiner Nachbarschaft raunen dir freundliche Grüße zu. Immer
deutlicher spürst du die Sicherheit, die deine starken Wurzeln
dir geben. Du genießt das Vertrauen der Waldtiere in deine
Stärke und auch deine Größe, die es dir ermöglicht, ganz weit zu
sehen. Die Zeit vergeht. Die Jahreszeiten wechseln. Die jungen
Vögel sind geschlüpft und flügge geworden. Junge Eichhörnchen

klettern mit ihren Eltern auf deinem Stamm herum und auch
die Ameisen und Käfer sind andere geworden. Du spürst, wie
eine tiefe Ruhe sich in dir ausbreitet. Dein Laub verfärbt sich
und beginnt im Herbstwind sanft zu Boden zu fallen. Ruhig und
sicher hast du die Herbststürme überstanden.

Der Winter kommt. Die Sonne scheint seltener. Ihre Strahlen
sind nicht so warm wie im Sommer. Ein sanfter, weicher Schnee
fällt und deckt alles mit einer weißen Decke zu. Der ganze Wald
ist weiß. Du kannst die Spuren der Kaninchen und der Rehe im
Schnee unter dir sehen. Wie schön er glitzert, wenn das Licht
darauf fällt.

Wieder vergeht die Zeit. Die Sonne wird wärmer, der Schnee
schmilzt. Die ersten Blumen kommen hervor und bedecken
den ganzen Waldboden mit wunderschönen Blüten. Wie ein
bunter Teppich sieht es aus. Bienen kommen angeflogen. Nach
und nach sind auch die Schmetterlinge wieder da und flattern
von Blüte zu Blüte. Du spürst den Saft in deinen Wurzeln und
in deinem Stamm. An deinen Zweigen platzen die Knospen
der neuen Blätter auf. Du bist in einen leuchtenden hellgrünen

Mantel gehüllt. Deine Blüten sind fast weiß und auch auf ihnen
sitzen die Bienen und saugen den Nektar. Es wird wärmer,
während die Sonne am Himmel emporsteigt. Da ist auch Bärlin
wieder da. Er sitzt, bequem an deinen Stamm gelehnt, auf einem
Ast.

»Nun«, fragt er, »ist es nicht schön, so ein starker Baum zu
sein?« Er klopft mit einer Pfote fest auf deine Rinde. »Ich
denke, du hast genug Sicherheit, Kraft und Ruhe getankt, hier
als Baum, um nun wieder in deine menschliche Gestalt zurückkehren zu können. Diese Baum-Qualitäten wirst du allerdings
mitnehmen. Sie sind jetzt auch in dir, wenn du wieder Mensch
bist.«

Bärlin berührt dich mit seinem Zauberstab. Da stehst du wieder
auf dem weichen Waldboden. Du siehst ganz so aus wie immer.
Doch es stimmt. Die Ruhe, die Sicherheit und die Kraft des

Baumes spürst du ganz tief in dir drinnen. Auch der Baum
steht so da, als wäre nie etwas geschehen. Du legst eine Hand
auf seinen Stamm und dankst ihm still für die tolle Erfahrung,
die du in seiner Gestalt machen durftest. Bärlin wandert mit
dir durch den Wald und bald seid ihr an dem Bach, wo ihr die
Früchte gegessen habt. Bärlin greift unter einen Busch und holt
eine Blattschale hervor. Sie ist mit leckeren Beeren gefüllt. Er
grinst dich an und lädt dich zum Essen ein.

»So«, sagt Bärlin, als ihr alles aufgegessen habt, »nun heißt es
aufbrechen. Es wird Zeit, dass ich dich zurückbringe.«

Er steigt auf seinen Zauberstab und du setzt dich hinter ihn. Du
schließt deine Augen und – hui – geht es los. Bald darauf setzt
Bärlin dich sanft in deinem Zimmer ab. Noch immer spürst du
die Ruhe, die Sicherheit und die Kraft des Baumes in dir. Fest
verwurzelt bist du auch als Mensch in Mutter Erde, nur dass
deine Wurzeln unsichtbar sind.

Bärlin verabschiedet sich von dir. Er freut sich schon auf die
nächste Reise mit dir.

Du atmest nun ein paar Mal tief ein und aus. Dann dehnst und
reckst du dich. Du fühlst die Unterlage unter deinem Rücken
und öffnest deine Augen. Du fühlst dich wach, ruhig und wundervoll ausgeglichen.

Die Schule im Bärenwald
(Kreatives Lernen)

Die Schule im Bärenwald macht einfach Spaß. Wenn Ihr Kind in einem Fach oder generell Probleme in der Schule hat, wird es mit Hilfe dieser Geschichte neue Möglichkeiten kennen lernen, wie Lernen wieder Freude bereiten und erfolgreich sein kann.

Die Fantasiereise:

Mach es dir bequem und atme einige Atemzüge ganz ruhig und gleichmäßig ein und aus. Nun spür in deinem Körper nach, ob alles gut ist. Jetzt kannst du dich noch zurechtrücken, wenn du möchtest. Atme ganz ruhig und gleichmäßig ein und aus. Lass deinen Atem so fließen, wie es für dich angenehm ist. Ja, so ist es gut.

Langsam beginnt dein Körper, sich zu entspannen. Alle Muskeln werden weich und locker. Auch dein Geist möchte sich nun entspannen und die Gedanken an Ereignisse und Personen los-

lassen. Um das zu erreichen, richtest du deine Aufmerksamkeit auf den Morgen, als du aufgestanden bist. Stell dir vor, wie du noch einmal durch den Tag gehst. Bei jedem Ereignis, an das du dich erinnerst, schwebt eine kleine Lichtkugel im Raum. Diese Lichtkugeln sammelst du ein und steckst sie in deine Tasche. So holst du alle Gedanken und Energien, die noch dort geblieben sind, zu dir zurück.

Auf diese Weise wird dein Kopf immer klarer und freier. Die Gedanken beginnen, sich aus deinem Kopf zu lösen und zum Himmel zu schweben. Du spürst, wie du dich mehr und mehr entspannst. Immer ruhiger und gleichmäßiger wird dein Atem, während du deinen Tag betrachtest.

Dein Körper wird auf diese Weise angenehm müde und schwer. Eine wohlige Wärme breitet sich in dir aus. Es ist fast so, als hättest du eine kleine Sonne in deinem Oberbauch, die ihre warmen Strahlen in alle Richtungen schickt und dich von innen erwärmt. Immer wärmer, immer wohliger. Und doch sind deine Ohren ganz aufmerksam und lauschen meinen Worten. Ja, und auch du selbst bleibst bei aller warmen Gemütlichkeit aufmerksam, um das Neueste von Bärlin, dem Zauberbären, zu hören.

Ganz entspannt bist du. Nun rufst du dreimal Bärlin bei seinem Namen. Hopps, da ist er ja schon.

»Guten Tag und hallo«, ruft Bärlin dir zu. »Was hältst du davon, heute mit mir in die Schule zu gehen?« Bärlin schaut dich erwartungsvoll an. »Oh«, sagt der Zauberbär, »du siehst nicht so begeistert aus. Kann es sein, dass dir die Schule keinen Spaß macht? Oder hast du Angst vor den Lehrern? Wenn das so ist, dann musst du unbedingt in die Schule im Bärenwald mitkommen!« Bärlin nimmt wieder seinen Zauberstab in die Pfoten und hüllt dich in das zauberhafte Lichtzelt. Das Licht schimmert heute auf ganz besondere Weise. Es bringt dir Fröhlichkeit, Neugier und Wissensdurst. Das sind drei Eigenschaften, die sehr hilfreich sind, wenn man zur Schule geht. Du atmest sie mit dem Licht zusammen ein und füllst so deinen Körper und deinen Geist damit.

Dann bittet Bärlin dich, hinten auf seinem Zauberstab Platz zu nehmen und die Augen zu schließen. Ein goldener Nebel liegt plötzlich im Raum, ein Wind bauscht die Vorhänge und eine leichtes Rauschen, so als würden viele Bäume vom Wind bewegt, ist zu hören. Du spürst, wie der Zauberstab in der Luft etwas schwankt. Mit beiden Händen hältst du dich am Bären vor dir fest. Die Luft ist plötzlich viel frischer und ein Duft von Moos und Laub steigt dir in die Nase. Da setzt der Zauberstab auch schon sanft auf dem Waldboden auf. Bärlin erlaubt dir, deine Augen wieder zu öffnen. Du siehst dich um. Der Zauberbär ist am Rande des Waldes gelandet. Ein breiter Weg führt in Windungen in den Wald hinein. Ein kleiner brauner Bär läuft gerade den Weg entlang. Er scheint es eilig zu haben, denn er beachtet euch nicht. Bärlin lässt seinen Zauberstab wieder auf seinen Hut springen, sodass er aussieht, wie ein glitzerndes Band mit einem Stern an der Spitze.

»Komm«, wendet er sich an dich, »wollen wir doch mal sehen, wohin der kleine Bär so eilig gelaufen ist.«

Der Zauberbär führt dich den Waldweg entlang. Du spürst den weichen Boden unter deinen Füßen und entdeckst ständig etwas Neues. Da ist z. B. ein kleines Kaninchen, das unter einem Farn hervorguckt. Ein Eichhörnchen sitzt auf einer Tanne und knabbert an einem Zapfen. Glockenblumen und Anemonen blühen unter den Bäumen. In der Wurzel eines umgestürzten Baumes sind lauter Löcher. Das sind die Wohnungen von Erdhummeln. Du merkst gar nicht so richtig, wo Bärlin dich hinführt, so viel gibt es hier im Wald zu entdecken. Doch plötzlich bleibt er stehen. Du schaust über seine Schulter. Da ist eine Lichtung unter einer riesigen alten Rotbuche. Tische und Bänke aus Holz mit Kissen aus Moos stehen in einem weiten Halbkreis um den Baum herum. Ein großer Grizzlybär hält etwas hoch, das du nicht gleich erkennen kannst. Die Bärenkinder auf ihren Plätzen sehen neugierig zu ihm hin. »Dies«, brummt er, »ist ein Klumpen Lehm. Was Lehm ist, wisst ihr ja. Nun will ich zeigen, wie aus Lehm Worte entstehen. Hier auf der Tafel« – er zeigt auf die große Tafel, die an der Buche steht – »seht ihr ein geschriebenes Wort. Um Worte gut und richtig schreiben zu lernen, ist es wichtig, sie fühlen zu können. Also knete ich jetzt jeden Buchstaben aus Lehm und lege ihn auf mein Pult.«

Der große Bär, der wohl hier der Lehrer ist, beginnt den Lehmklumpen in mehrere Teile zu zerlegen. Dann formt er den ersten Buchstaben. Es ist ein kleines »f«, denn das Wort auf der Tafel lautet »fressen«. Bald ist er fertig und nun folgen die Bärenkinder seinem Beispiel. Er geht durch die Reihen und sieht sich die Ergebnisse an. Hier und da gibt er Rat oder brummt eine Anerkennung. Als alle Schüler fertig sind, fordert er sie auf, die Augen zu schließen und erst die einzelnen Buchstaben, danach das ganze Wort zu ertasten und sich ein Bild davon in ihrer Vorstellung zu machen. Du siehst staunend zu, wie die Bärenkinder auf diese Art Worte richtig schreiben lernen. Es erscheint dir recht langwierig und umständlich und doch auch richtig.

Da entdeckt dich der große Grizzlybär. »Oh, wir haben einen Gast, Kinder«, brummt er und geht auf dich und Bärlin zu. Du siehst dich um, etwas nervös vielleicht, denn der Bär ist wirklich riesig. Bärlin verschwindet gerade mit leisem Lachen in einem Gebüsch. Er will dich wohl ganz alleine die Bärenschule besuchen lassen. Na gut. Es sieht ja interessant aus, wie hier gelernt wird. Da steht der Lehrer auch schon vor dir. »Willkommen in der Bärenschule, Menschenjunges. Komm, setz dich her. Ich werde dir mal eben den Lehm holen. Dann kannst du mitmachen.« Der Grizzly geht zu seinem Pult und holt etwas Lehm für dich. »So, forme schnell das Wort, das dort auf der Tafel steht. Kennst du es schon? Es heißt ›fressen‹.« Du nimmst den weichen, feuchten Lehm und knetest ihn. Dann formst du ein »f«, ein »r«, ein »n«, zwei »e« und zwei »s« und legst sie in der richtigen Reihenfolge vor dich auf den Tisch. Genauso wie auch die kleinen Bären ertastest du das Wort und versuchst, dir ein Bild davon in deiner Vorstellung zu machen. Nun fordert der Lehrer die

Kinder auf, alles wieder zu einem Klumpen zu verkneten. »Seht noch einmal auf die Tafel. Prägt euch das Wort ein. Schließt nun die Augen – wehe, einer schummelt – und erinnert euch an das Gefühl der Buchstaben. Formt nun die Buchstaben mit geschlossenen Augen. Ihr wisst ja schon, wie das geht. So haben wir ja auch das ABC gelernt.« Auch du schließt deine Augen und knetest eifrig deine Buchstaben. Es erstaunt dich, wie gut sich deine Finger erinnern. Der Lehrer ist sehr zufrieden mit euren Ergebnissen. Er sammelt den Lehm wieder ein und schickt die Schüler an den Bach, der ein kleines Stück entfernt fließt. Alle waschen ihre Pfoten und auch du wäschst deine Hände. Es ist Pause. Die kleinen Bären setzen sich zu dir auf den Waldboden und erzählen, wie in der Bärenschule unterrichtet wird. Alles wird mit allen Sinnen getan. Im Fach Waldkunde werden viele Dinge erschnuppert. Gerüche müssen richtig unterschieden und zugeordnet werden. Bestimmte Pflanzen müssen am Geschmack erkannt werden. Die Ohren werden auf das Unterscheiden von Geräuschen trainiert. Das klingt alles sehr spannend und du hast Lust, noch ein bisschen zu bleiben. Der Grizzlybär ruft zur nächsten Stunde. Es wird noch etwas Schreiben geübt. Zuerst sollen alle Bärenkinder sich vorstellen, das aus Lehm geformte Wort läge noch da, und so tun, als würden sie es ertasten. Damit schulen sie das Erinnerungsvermögen ihrer Pfoten. Dann teilt der Lehrer Zettel aus. Die kleinen Bären schreiben das Wort sauber von der Tafel ab. Sie füllen den halben Zettel. Danach müssen sie die Augen schließen und das Wort blind schreiben. Das ist wirklich komisch.

Die nächste Aufgabe ist schon schwieriger. Der große Bär schreibt einen Satz an die Tafel: »Alle Bären fressen Blätter.« In diesem Satz kommen doppelte Mitlaute und Umlaute vor. Da die Kinder die Worte schon kennen, fällt das Lehmkneten weg. Dafür wird geübt, die Worte mit geschlossen Augen zu erfühlen, als lägen sie auf dem Tisch. Danach wird geschrieben, erst mit offenen, dann mit geschlossenen Augen. Du merkst, wie es

dir immer leichter fällt, dir die Worte vorzustellen. Der große
Grizzly, der dir am Anfang etwas Angst gemacht hat, ist sehr
nett und macht ab und zu auch einen Witz. Die Bärenkinder
haben viel Spaß und lachen gerne.

Auch im Rechnen werden Zahlen erfühlt und Zahlenreihen in
die Bäume gehängt, um sie sich besser vorstellen zu können.
Wenn mit Brombeeren gerechnet wird, gibt es hinterher viel
Gelächter beim Essen der Zahlen.

Die letzte Stunde heute ist »Anschleichen«. Der große Grizzlybär legt sich auf ein Bett aus trockenem Laub. Die kleinen
Bären üben, sich leise anzuschleichen. Auch die Windrichtung
ist hierbei wichtig, damit der Lehrer seine Schüler nicht riechen
kann, während sie herankommen. Hierin sind die Bären sehr
unterschiedlich, doch du schneidest ganz gut ab. Bis auf zwei
Meter kommst du an den Lehrer heran.

Da ist auch Bärlin wieder da. Er freut sich, dass dir die Bärenschule gefallen hat. Du hast hier viel gelernt, was dir das Lernen
in deiner Schule einfacher machen kann. Zum Beispiel weißt du
jetzt, wie du schwierige Wörter leichter lernst und wie wichtig
und hilfreich es ist, wenn auch die Finger sich erinnern können,
wie sich ein Wort anfühlt, damit im Kopf ein klares Bild davon
entsteht.

Außerdem hast du gelernt, dass manchmal ein Lehrer durch
seine Größe oder seine laute Stimme Angst einflößend sein kann,
in Wirklichkeit aber sehr nett ist. Bevor du in Zukunft Angst
vor jemandem hast, siehst du ihn dir erst genauer an, so wie hier
den großen Grizzlybären. Bärlin sagt dir, dass es Zeit ist, wieder
zurückzukehren. Du verabschiedest dich von den Bärenkindern
und dem Lehrer. Er lädt dich ein, jederzeit wiederzukommen.
Bärlin wartet schon auf dem Zauberstab. Du setzt dich hinter
ihn und schließt deine Augen. Hui – schon schwebt der Zauberstab mit euch durch die Luft. Wieder ist der goldene Nebel um
euch herum. Du spürst Bärlins Umhang unter deinen Finger, als
du dich an ihm festhältst. Dann landet ihr sanft hier im Zimmer.

Bärlin bittet dich, noch einen Moment auszuruhen. Wieder lässt er das Licht aus seinem Stern ein Zelt bilden. Ganz entspannt atmest du das Licht ein und denkst dabei noch einmal an die Art und Weise, wie in der Bärenschule unterrichtet wurde. Du spürst Neugier und Freude in dir und hast Lust, dieses Lernen mit Worten auszuprobieren, die dir bisher schwer gefallen sind.

Für Bärlin ist es nun Zeit, wieder weiterzureisen. »Bis zum nächsten Mal«, ruft er dir zu und hüllt sich in seinen Zauberumhang. Dann ist er fort.

Du atmest jetzt einige Male tief ein und aus.

Machen Sie hier eine kurze Pause.

Dann spannst du alle Muskeln im Körper kräftig an. Du lässt wieder locker und dehnst dich gut durch. Nun öffnest du die Augen, ganz wach und aufmerksam und ganz bei dir.

Im Reich der Delfine
(Zeit zaubern, loslassen)

Diese Geschichte dient dem Stressabbau. Schon Kinder leiden
unter dem Gefühl, zu wenig Zeit zu haben. Mit den Delfinen ist
es ganz einfach, den Stress loszulassen und Zeit aus einem anderen Blickwinkel zu betrachten. Kinder, deren Zeitgefühl noch
nicht voll entwickelt ist und bei denen das erwachsene Zeit-
empfinden mit Termindruck zu Verwirrung und Ängsten führt,
finden zu einem entspannten Umgang mit dem Thema.

Die Fantasiereise:
Leg dich bequem auf den Rücken, so wie du es schon kennst.
Dann atmest du einige Atemzüge ganz ruhig und gleichmäßig
in deinen Bauch. Dabei spürst du, wie sich dein Bauch hebt und
senkt. Auf und ab, auf und ab, auf und ab.
Lass deinen Atem fließen, wie es ihm gefällt, und nimm dir
einen Moment Zeit für deine Gedanken. Was fällt dir gerade
ein? Schenke den augenblicklichen Gedanken, vielleicht an eine

Fernsehsendung, ein Spiel mit Freunden, die Schule oder dein Lieblingscomputerspiel einen Moment deiner Zeit. Gedanken mögen es, beachtet zu werden. Dann können wir sie leichter loslassen, als wenn sie verdrängt werden.

Lassen Sie Ihrem Kind hier 30 Sekunden bis eine Minute Zeit.

Nun verabschiede dich von diesen Gedanken und stell dir vor, wie sie in den Himmel schweben. Ich puste meine Gedanken gerne in einen roten Luftballon und lasse sie mit den Wolken fortfliegen. Stell dir vor, wie der Ballon immer größer und immer leichter wird, je mehr deiner Gedanken er aufnimmt. Dann löst er sich und schwebt zum Himmel.

Immer kleiner und kleiner wird er, bis du ihn nicht mehr sehen kannst. Alle weiteren Gedanken, die dich ablenken könnten, fließen ganz automatisch in den nächsten Luftballon und füllen diesen, bis auch er zum Himmel schwebt. So geht es immer weiter. Du brauchst dich jetzt gar nicht mehr darum zu kümmern. Fühl einmal in deinem Körper nach, ob du ganz bequem liegst oder ob du dich noch etwas zurechtrücken möchtest. Manchmal muss man sich noch ausgiebig kratzen, bevor man sich wohl fühlt. Langsam beginnt dein Körper, sich zu entspannen. Alle Muskeln werden weich und locker. Du spürst eine angenehm wohlige Ruhe in dir.

Jetzt rufst du wieder Bärlin.

Ah, da ist er ja schon. Nanu, Bärlin sieht heute ja merkwürdig aus. Er trägt eine Sonnenbrille und unter dem Arm hat er ein großes Badelaken.

»Hallo«, sagt Bärlin zur Begrüßung. »Warum guckst du so überrascht? Und warum ist es hier so dunkel? – Ach, ich hab ja noch meine Sonnenbrille auf!« Bärlin nimmt die Brille ab und rollt sein Badelaken neben dir aus. Dann setzt er sich gemütlich darauf. »Ich komme gerade von meinen Freunden, den Delfinen. Dort, wo die Delfine leben, scheint die Sonne sehr hell und es ist wunderbar warm. Was meinst du, wollen wir da heute mal zusammen hin? Ich bin nämlich ganz schnell zu dir gekommen, weil du mich gerufen hast. Ich würde aber wirklich gerne noch etwas tauchen und schwimmen. Das Meer ist herrlich.« Bärlin streicht sich mit seiner Pfote über das Fell auf der Stirn. Etwas Wasser läuft ihm über das Gesicht.

Er schaut dich erwartungsvoll an. Oh, ja, Delfine besuchen ist eine tolle Idee. Schnell sagst du ihm, dass du gerne mit ihm ans Meer fahren möchtest. Bärlin lächelt und hält seinen Zauberstab über dich. Das wundervolle kosmische Lichtzelt hüllt dich ein. Du atmest das Licht tief in dich hinein. Es beginnt, deinen Körper von innen zu erhellen, und eine wohlige Wärme breitet sich in dir aus. Alle Ereignisse, die dich in den letzten Tagen beschäftigt haben, sind plötzlich ganz unwichtig. Du fühlst dich ganz gelöst. Immer wärmer wird es um dich herum. Du schaust hoch zu dem Stern über dir. Da verwandelt sich der Stern mit einem Mal in die Sonne. Das Lichtzelt verschwindet. Du liegst im Sand, der sich weich an deinen Rücken schmiegt. Das Meer rauscht sanft. Ein Geruch von Salz und Algen liegt in der Luft. Du kannst die Möwen hören, die kreischend durch die Luft fliegen, auf der Suche nach Fischen und Krebsen.

Es ist wunderschön hier am Strand. Ein paar Meter entfernt wiegen sich Palmen im Wind. Eine Hütte aus Palmenwedeln steht darunter. Bärlin, der neben dir auf seinem Badelaken sitzt, zeigt auf diese Hütte.

»Das dort«, erklärt er, » ist mein Urlaubsquartier. Immer, wenn ich ein bisschen Sonne tanken und ausruhen möchte, komme ich hier her. Dann mache ich lange Spaziergänge am Strand, baue Sandburgen mit meinen Pfoten, auch wenn es mit dem Zauberstab besser ginge, und lass den ganzen Zauberkram einfach mal liegen. Das tut wirklich gut. Kein Rumsausen an ferne Orte, keine Zaubersprüche, keine wilden Ritte auf meinem Zauberstab. Einfach nur da sein, Bär sein. Der einzige Zauber, den ich mir gönne, ist der Zeitzauber.«

Zeitzauber – was ist das denn? Du siehst Bärlin fragend an. Er lächelt. »Gut« sagt er. »Ich werde dich in das Geheimnis einweihen. Ich kann die Zeit dehnen! Mit einem Schwung meines Zauberstabes und einem ganz simplen Zauberspruch kann ich die Zeit so ausdehnen, dass ich immer genug davon zur Verfügung habe.«

Das ist ja interessant. Hast du nicht auch schon manches Mal daran gedacht, wie gut es wäre, die Zeit verlängern zu können, wenn du viele Aufgaben zu erledigen hattest und nicht genug Zeit zum Spielen übrig war?

Bärlin sieht die Neugier in deinen Augen und grinst verschmitzt. »Also, hör zu«, sagt er. »Es geht folgendermaßen: Ich stelle mir den Tag oder auch nur den Nachmittag in seiner ganzen Länge vor. Bei mir sieht das so aus wie eine Straße. Dort sind alle Sachen drauf, die ich zu tun habe. Dann schaue ich mir die Abstände zwischen den Aufgaben an. Alle Aufgaben sehe ich als Gegenstände oder Figuren. Muss ich etwas schreiben, stelle ich mir einen Tisch vor, sind Kinder zu besuchen, sehe ich sie vor mir auf meiner Zeitstraße, und auch meine Freizeit reihe ich mit einem Symbol auf der Straße auf, z. B. mit einer Palme am Straßenrand.

Manchmal sind die Abstände ziemlich eng. Dann sage ich meinen Zauberspruch. Der lautet ›Ich habe alle Zeit, die ich brauche, und mehr‹. Dabei stelle ich mir vor, wie der Abstand zwischen den Dingen immer größer und größer wird. Ich dehne die Zeit dabei so weit, bis ich das Gefühl habe, ganz locker zu sein und ganz viel Zeit für alles zu haben. Tja, und dann vergesse ich das Ganze einfach und fange mit der ersten Aufgabe an, die zu erledigen ist. Seltsamerweise geht nun alles schnell und einfach. Ich schaffe alles und habe auch noch Zeit für eine Pause oder einen kleinen Urlaub hier am Strand. Auch die Zeit hier dehne ich mit dem Zauberspruch. Hier sage ich immer: ›Ich habe alle Zeit, die ich brauche, um mich vollständig zu erholen.‹ Das klappt wirklich super. Darum kann ich jetzt auch mit dir hier sein.«

Bärlin reckt sich und kratzt seinen Bauch. Dann geht zu seiner
Hütte und legt seinen Zauberhut und seinen Umhang ab. Er
winkt dir, mit zum Wasser zu kommen. Es ist warm und leuchtet in einem klaren Blaugrün. Bärlin legt sich im flachen Wasser
bequem auf den Rücken. Er gibt dir ein Zeichen, es genau so zu
machen. Du liegst im nassen Sand und fühlst das Wasser warm
deinen Körper umspülen. Die Sonne scheint auf dich herab.
Warme Wellen umspielen dich. Da merkst du, wie das Wasser
dich zu tragen beginnt. Du treibst ganz ruhig auf dem Meer.
Bärlin ist dicht neben dir. Sanft schaukeln die Wellen dich auf
und ab. Eine wundervolle Ruhe ist in dir. Weiter und weiter
tragen die Wellen dich hinaus auf das Meer. Du fühlst dich frei
und gelöst und vollkommen sicher. Ein leises Pfeifen dringt
an dein Ohr. Ein Delfin taucht neben dir auf. Auch an Bärlins
Seite schwimmt einer und eine ganze Gruppe tollt in der Nähe
herum. Bärlin zeigt dir, wie man sich an der Rückenflosse fest-
hält. Dann ziehen die Delfine euch durch das Wasser. Das macht
Spaß. Nach einer Weile werden die Tiere langsamer. Bärlin ist
neben dir.
»Halte dich weiter gut fest. Wir werden jetzt tauchen. In diesem
Meer kannst du auch unter Wasser atmen«, erklärt er dir.
Dann tauchen die Delfine sanft mit dir ins Meer hinein. Du
hältst dich einfach fest und genießt die Schönheit der Unter-
wasserwelt. Sanft gleitest du dahin wie in einer Traumwelt. Du
siehst wunderschöne Quallen an dir vorbeiziehen. Bunte Fisch-
schwärme erscheinen in der Nähe. Seltsame Wasserpflanzen
wachsen auf dem Meeresboden. Tiefe Ruhe ist um dich herum.
Hier scheint es keine Zeit zu geben. Du genießt diesen Ausflug
in die Tiefe des Meeres und spürst eine tiefe Gelassenheit in dir.
Nach einer Unendlichkeit tauchen die Delfine wieder auf. Sanft
tragen sie Bärlin und dich an den Strand zurück. Du bedankst
dich bei deinem Delfin-Freund und gehst durch den feuchten
Sand an den Strand. Die Sonne trocknet deinen Körper und
Bärlins Fell.

Einen Moment ruht ihr euch am Strand aus. Du erzählst Bärlin, was dir besonders gut gefallen hat, und lässt die Ruhe und
die Gelassenheit in dir nachschwingen. Das Gefühl, dass Zeit
dehnbar ist, so wie es dir gefällt, ist ganz klar in dir. Du denkst
an Bärlins Zauberspruch: »Ich habe alle Zeit, die ich brauche,
und mehr.« Auch an die Art und Weise, sich den Tag als Straße
vorzustellen, auf der Ereignisse stehen, erinnerst du dich.
Du freust dich darauf, diesen Zeitzauber in deiner Welt auszuprobieren.
Bärlin steht auf und rollt sein Tuch zusammen. Du bleibst im
Sand liegen und genießt die Wärme der Sonne. Wie herrlich ist
es doch hier am Strand! Der Zauberbär geht zu seiner Hütte und
kommt mit Hut und Umhang zurück. Er setzt sich wieder neben
dich und lässt das Lichtzelt um dich herum erscheinen. Noch
einmal atmest du das Licht ein. Plötzlich bist du wieder hier im
Raum. Bärlin verabschiedet sich von dir.
Das war eine sehr schöne und interessante Reise mit dem Zauberbären. Jedes Mal, wenn er dich mitnimmt, lernst du etwas
Neues auf zauberhafte Art.
Nun spürst du deinen Körper und dehnst dich kräftig durch.
Nach einigen tiefen Atemzügen öffnest du deine Augen und bist
wieder ganz hier, wach und munter.

Das Fest der Bären
(Ernährung für starke Bärenkinder)

Ernährung dient nicht nur der Kräftigung des Körpers. Eine un-
gesunde Ernährungsweise schwächt auch die psychische Kraft.
Auf dem Fest der Bären lernt Ihr Kind, welche Ernährung stark
macht und dabei auch noch lecker schmeckt.

Die Fantasiereise:
Mach es dir bequem und atme einige Atemzüge ganz ruhig und
gleichmäßig ein und aus. Nun spür in deinem Körper nach, ob
alles gut ist. Jetzt kannst du dich noch zurechtrücken und kratzen, wenn du möchtest. Atme ganz ruhig und gleichmäßig ein
und aus. Lass deinen Atem so fließen, wie es für dich angenehm
ist. Ja, so ist es gut.
Langsam beginnt dein Körper, sich zu entspannen. Alle Muskeln werden weich und locker. Auch dein Geist möchte sich nun
entspannen und die Gedanken an Ereignisse und Personen los-

lassen. Um das zu erreichen, richtest du deine Aufmerksamkeit auf den Morgen, als du aufgestanden bist. Stell dir vor, wie du noch einmal durch den Tag gehst. Bei jedem Ereignis, an das du dich erinnerst, schwebt eine kleine Lichtkugel im Raum. Diese Lichtkugeln sammelst du ein und steckst sie in deine Tasche. So holst du alle Gedanken und Energien, die noch dort geblieben sind, zu dir zurück.

Auf diese Weise wird dein Kopf immer klarer und freier. Die Gedanken beginnen, sich aus deinem Kopf zu lösen und zum Himmel zu schweben. Du spürst, wie du dich mehr und mehr entspannst. Immer ruhiger und gleichmäßiger wird dein Atem, während du deinen Tag betrachtest.

Nicke bitte kurz mit deinem Kopf, wenn du alle Lichtkugeln eingesammelt und die Wanderung durch deinen Tag beendet hast.

Machen Sie hier eine kurze Pause. Nickt das Kind, lesen Sie weiter.

Fein. Nun ist es wieder Zeit, Bärlin, den Zauberbären, zu rufen. Nenne dreimal in Gedanken seinen Namen. Dann wird er da sein. Bärlin schüttelt seinen Umhang aus und etwas glitzernder Sternenstaub rieselt durch die Luft. Bärlin begrüßt dich freundlich. Dann fragt er dich: »Ist in den letzten Tagen etwas geschehen, was dir Sorgen macht? Dann erzähl mir jetzt davon. Ich werde dich in dein Lichtzelt hüllen und dir zeigen, was du tun musst, damit du dich wieder gut fühlst. Bist du bereit?«

Bärlin klatscht in die Pfoten. Dann hebt er seinen Zauberstab und lässt Licht erstrahlen. Das Licht hüllt dich ein und du liegst ganz entspannt in dem Lichtzelt aus wunderbarem Sternenlicht. Tief und gleichmäßig atmest du das Licht ein. Es erfüllt dich mit Ruhe und Vertrauen. Je mehr Licht du in deinen Körper hineinatmest, desto mehr Ruhe und Vertrauen breiten sich in dir aus. Und da steht Bärlin auf zauberhafte Art neben dir im Lichtzelt. Wie macht er das bloß?

»Hallo, da bin ich wieder«, lacht er und streicht seinen Umhang glatt. »Ich habe gehört, dass du dich manchmal ganz schwach und müde fühlst und dann nicht einmal mehr etwas essen magst. Wollen wir wieder einen Ausflug machen? Es gibt ein großes Fest im Bärenwald. Ich glaube, das wird dir gefallen.«
Bärlin klatscht in die Pfoten und schon hält er seinen Zauberstab bereit. Er reicht dir eine seiner Pfoten und hilft dir, auf seinem Zauberstab Platz zu nehmen.
Ein feiner Nebel hüllt euch ein. Und schon beginnt der Zauberstab wie ein Hexenbesen zu schweben. Höher und höher hinauf geht es. Du kannst unter dir die Straße sehen, in der du wohnst … und kurz darauf ist die Welt nur noch ein Spielzeugdorf.
Die Reise geht vorbei an Wolken und Sternen. Bald weißt du nicht mehr, wie viel Zeit vergangen ist. Da setzt der Zauberbär zur Landung an. Sanft neigt sich der Zauberstab dem Boden entgegen. Schon kannst du große Wälder erkennen, Wiesen mit Bächen und Bärenkinder, die dort herumtollen.

Vorsichtig setzt Bärlin auf einer Wiese auf. Neugierig kommen die Bärenkinder näher.
»Wen hast du denn da mitgebracht?«, fragt ein pelziger, kleiner Bärenjunge. Bärlin macht euch miteinander bekannt.
»So«, sagt er dann zu dir, »geh doch einfach mal mit den Bärenkindern mit. Sie werden dir hier alles zeigen und erklären. Am Abend ist dann das große Fest. Dann treffen wir uns wieder.«
Mit Erstaunen stellst du fest, dass es hier im Bärenwald noch früh am Tag ist, bei dir zu Hause aber schon viel später. Etwas müde bist du dennoch und du gähnst herzhaft.
»Oh«, brummt eines der Bärenkinder, »das Menschenjunge ist müde und bestimmt auch hungrig. Wir sollten ihm etwas Futter anbieten.« So laufen die Bärenkinder dir voran auf den Wald zu und bald seid ihr von hohen Bäumen umgeben. Plötzlich steht ihr vor einer Höhle. Eine große Bärenfrau stampft Früchte in einem Fass zu Mus.

»Hallo«, ruft sie. »Haben wir wieder Besuch?«

»Ja, Mama, ein Menschenjunges. Und es ist ganz müde und hungrig.«

»Na, dann wollen wir mal etwas zu essen besorgen, das munter und stark macht.«

Die Bärin geht hinein in die Höhle. Wenig später kommt sie mit einer dampfenden Schale zurück. Darin ist ein warmer Griesbrei mit frischen Früchten. »Ihr Menschenkinder werdet mit zu viel Brot gefüttert«, brummt sie. »Das ist schwer verdaulich, raubt einem die Kraft und macht auf Dauer zu dick. Bären dürfen etwas dick sein, Menschen aber sollten schlank und kräftig sein. Kleine Menschen brauchen viel warmes Futter. Morgens einen warmen Brei aus Hafer, Gries, Reis oder Ähnlichem, das weckt die Lebensgeister, mittags viel Gemüse, ab und zu Fleisch – auch wir Bären essen nicht jeden Tag davon – und am Abend etwas Leichtes, wie z. B. eine Suppe. Obst und Salate solltet ihr im Laufe des Tages essen, nicht mehr am Abend. Eure Menschenkörper können das in der Nacht nicht verdauen. Im Sommer kühlen Pfefferminztee und Joghurtdrinks eure Körper, im Winter sind Kakao mit Honig und Kräutertee wunderbar oder einfach nur warmes Wasser. Das lieben auch wir Bären.«

»Dürfen wir auch noch etwas haben?«, fragen die Bärenkinder mit glänzenden Augen.

»Aber sicher«, lacht die Bärenmama. »Gemeinsam essen macht doch mehr Spaß!«

Bald haben alle ihre dampfenden Schüsseln vor sich stehen. Hhm, wie das schmeckt! Und tatsächlich fühlst du dich nach diesem Mahl viel wacher und kräftiger.

Dann zeigen die kleinen Bären dir den Wald. Dabei merkst du gar nicht, wie die Zeit vergeht. Zum Mittag serviert euch die Bärenmama Gemüseröllchen mit einer leckeren roten Soße.

»Was ist das?«, willst du wissen.

»Mangold, gefüllt mit einer Mischung aus Reis, Fisch und Karotten«, erklärt die Bärenmama freundlich. »Die Soße ist aus der roten Rübe hergestellt.« Uups, das hättest du zu Hause nie gegessen, aber hier im Bärenwald ist es einfach köstlich. Nur den Ameisenpudding lässt du lieber stehen, obwohl die kleinen Bären mit Begeisterung darüber herfallen.

So verbringst du einen wundervollen Tag bei den Bären. Du fühlst dich kräftig und voller Energie. Sogar die Kletterei über die Felsen an der Schlucht und das Wettrennen zum Bach können dich kaum erschöpfen.

Am Abend ist das große Fest. Auf der Wiese stehen Baumstümpfe als Tische und Stühle, ein riesiges Lagerfeuer brennt hell, und auf großen Platten werden allerlei leckere Sachen angeboten. Die Bären trinken dazu feinstes Quellwasser. Es wird gelacht und getanzt.

»Lasst uns Glühmonster finden«, meint eines der Bärenkinder. Schon sitzen alle am Feuer und starren in die Glut.

»Da ist eines!«, ruft ein kleiner Bär und zeigt auf ein glühendes Stück Holz, das aussieht wie ein Monstergesicht.

Auch du guckst eifrig in die Glut und kannst einige Glühmonster entdecken. Dabei merkst du gar nicht, wie müde du geworden bist. Plötzlich bist du eingeschlafen.

Ein sanftes Rütteln weckt dich auf. Bärlin steht neben dir … und … ja, du bist schon zurück in deinem Zimmer. Der Zauberbär hat dich still und leise nach Hause gebracht.

»Nun, hat es dir gefallen?«, fragt er dich.

Oh ja, das war ein tolles Fest.

»Denk daran, was Mama-Bär dir über das Essen gesagt hat. Mit dem richtigen Essen bleibst du kräftig und munter und auch im dunklen Winter immer gut gelaunt.«

Für Bärlin ist es nun Zeit, wieder zurückzukehren. Er hüllt sich in seinen Umhang und … husch … ist er verschwunden.

Du atmest noch einmal das Licht deines Lichtzeltes tief in dich ein. Dann gähnst du herzhaft, rekelst und reckst dich und in einem Moment, wenn du deine Augen öffnest, bist du ganz wach und frisch, kräftig und munter.

Auf der Wunderwiese
(Ein Gefühl für Stärke und Schwäche entwickeln)

In dieser Geschichte lernt Ihr Kind, Stärken und Schwächen bei
sich selbst zu erkennen und mit Schwächeren achtsam umzugehen. Es lernt, wie wichtig Rücksichtnahme ist, denn jeder ist mal
stark und mal schwach.

Die Fantasiereise:
Leg dich bequem auf den Rücken, so wie du es schon kennst.
Dann atmest du einige Atemzüge ganz ruhig und gleichmäßig
in deinen Bauch. Dabei spürst du, wie sich dein Bauch hebt und
senkt. Auf und ab, auf und ab, auf und ab.
Lass deinen Atem fließen, wie es ihm gefällt und nimm dir
einen Moment Zeit für deine Gedanken. Was fällt dir gerade
ein? Schenke den augenblicklichen Gedanken, vielleicht an eine
Fernsehsendung, ein Spiel mit Freunden, die Schule oder dein
Lieblingscomputerspiel einen Moment deiner Zeit. Gedanken

mögen es, beachtet zu werden. Dann können wir sie leichter loslassen, als wenn sie verdrängt werden.

Machen Sie hier ca. 30 Sekunden Pause.

Nun verabschiede dich von diesen Gedanken und stell dir vor, wie sie in den Himmel schweben. Ich puste meine Gedanken gerne in einen roten Luftballon.
Stell dir vor, wie der Ballon immer größer und immer leichter wird, je mehr von deinen Gedanken er aufnimmt. Dann löst er sich und schwebt hoch hinauf zum Himmel.
Immer kleiner und kleiner wird er, bis du ihn nicht mehr sehen kannst. Alle weiteren Gedanken, die dich ablenken könnten, fließen ganz automatisch in den nächsten Luftballon und füllen diesen, bis auch er zum Himmel schwebt. So geht es immer weiter. Du brauchst dich jetzt gar nicht mehr darum zu kümmern.
Fühl einmal in deinem Körper nach, ob du ganz bequem liegst, oder ob du dich noch etwas zurechtrücken möchtest. Manchmal muss man sich noch ausgiebig kratzen, bevor man sich wohl fühlt.
Langsam beginnt dein Körper, sich zu entspannen. Alle Muskeln werden weich und locker. Du spürst eine angenehm wohlige Ruhe in dir. Deine Schultern sinken noch etwas tiefer und du merkst, dass dein Kiefer so entspannt ist, dass du vergeblich versuchst, die Zähne aufeinanderzubeißen. Wenn du magst, gähne ganz herzhaft.

Machen Sie hier eine kurze Pause.

Jetzt rufst du mit deinen Gedanken wieder: »Bärlin, Bärlin, Bärlin.« Schwupp, schon ist der Zauberbär da. Mit einem verschmitzten Lächeln hält er seinen Zauberstab an deine Fußsohlen. Eine wunderbare Wärme beginnt, von den Füßen aus in deinen Körper zu fließen, während dich gleichzeitig

dein zauberhaftes Lichtzelt wieder einhüllt. Bärlin bleibt einen Moment bei deinen Füßen sitzen, bis du dich ganz kuschelig warm fühlst. Vielleicht kennst du das Gefühl von einem Raum mit Fußbodenheizung. Vielleicht hast du aber auch schon deine Füße auf die Heizung gelegt, wenn sie im Winter ordentlich kalt geworden sind. Nun bist du von den Füßen bis zum Kopf warm. Dein Körper ist ganz ruhig und entspannt und du bist neugierig, wohin die nächste Reise mit dem Zauberbären gehen wird.

Mit einem lustigen Lächeln lädt Bärlin dich ein, wieder auf seinem Zauberstab Platz zu nehmen. Kaum sitzt du richtig und hältst dich an deinem pelzigen Freund fest, schon schwebt der Zauberstab … hui … durch das Fenster hinaus. Mit einer scharfen Kurve geht es vorbei an einem dicken, alten Baum, dessen Äste hoch in den Himmel ragen. Über Hausdächer hinweg steigt ihr höher und höher hinauf in den Himmel. Unten sind die Menschen inzwischen so klein wie Spielzeugfiguren und dann seid ihr mitten in einer dicken Wolke. Wie Zuckerwatte ist die Wolke, nur nicht so klebrig. Dafür ist sie ziemlich nass, denn die Wolke sammelt Wasser für den nächsten Regen. Es ist auch ziemlich windig in der Wolke. Der Zauberstab wird hin und her geschüttelt.

Bärlin lacht laut: »Na, ist das ein Spaß! Mitten durch eine Regenwolke, das ist fast wie auf der Achterbahn!«

Für einen Moment geht es mit einem Fallwind steil nach unten, dann hat der Bär den Zauberstab abgefangen. Einen Moment später liegt die Wolke unter euch. Die Sonne scheint und du bist schnell wieder trocken. »Gleich sind wir da«, brummt der Zauberbär. Du versuchst, ein Ziel zu erkennen, aber unter euch sind nur weiße Wolken, so dicht wie eine Schneelandschaft. Wunderschön glitzert das Licht der Sonne darauf. Ganz sanft senkt der Bär den Zauberstab. Einen Augenblick später erkennst du einen großen Berg vor euch und bald darauf landet Bärlin mit dir auf einer Alm. Weißt du, was eine Alm ist? Nun, das ist eine schöne große Wiese ganz hoch oben auf einem Berg.

Du lässt dich in das duftende Gras fallen. »Was wollen wir hier oben?«, fragst du den Zauberbären.

»Nun«, antwortet der Bär, »für jeden Menschen ist es wichtig, dass er erfährt, wie es ist, sich schwach zu fühlen oder ganz stark zu sein. Wer nur Stärke kennt, nimmt oft keine Rücksicht auf die Schwachen, und wer nur Schwäche kennt, der weiß nicht, wie sich Stärke anfühlt, und hat dann kein Ziel, um stärker zu werden. Alle meine menschlichen Freunde bringe ich einmal auf diese Alm, um diese besondere Erfahrung zu machen.« Der Bär bückt sich und pflückt etwas, das neben einem Stein wächst, mit seinen dicken Tatzen vorsichtig ab.

»Schau, dies ist Wunderklee. Er schmeckt köstlich.« Er reicht dir den Klee und du steckst dir ein Blatt davon in den Mund. Ein warmes Strömen beginnt, sich von deinem Bauch aus in dir auszubreiten. Verwundert siehst du Bärlin an. Dieser scheint immer größer zu werden. Plötzlich überragt er dich wie ein Riese. Die Gräser, eben noch nur wenige Zentimeter hoch, reichen dir plötzlich bis ans Knie. Da merkst du, dass du es bist, der kleiner und kleiner wird. Die Blumen der Wiese erscheinen dir nun fast wie Bäume, ein Käfer, der ganz in der Nähe vorbeiläuft, ist groß wie ein Pferd.

Wie von weitem hörst du den Zauberbären zu dir sprechen: »Nimm dir etwas Zeit und erkunde deine Welt in dieser Größe. Spür wie es ist, klein und schwach zu sein. So klein, dass sogar Ameisen so groß wie Ponys sind. Alle anderen scheinen stärker zu sein als du.«

Lassen Sie Ihr Kind eine Minute lang in Stille diese Erfahrung sammeln. Atmen Sie dabei in seinem Atemrhythmus tief und gleichmäßig.

Ein Marienkäfer, groß wie eine Kuh, landet vor deinen Augen. Er schüttelt einen Tautropfen von seinem Fühler auf deinen Kopf. Es kommt dir vor wie eine Dusche und du bist patschnass.

Gleichzeitig spürst du erneut das warme Strömen in deinem Bauch. Du beginnst wieder zu wachsen und bist erleichtert, schnell wieder deine normale Größe zu haben. Doch mit Erstaunen stellst du fest, dass du nicht aufhörst zu wachsen. Bärlin, der Zauberbär, ist bald klein wie ein Teddybär. Und noch immer wächst du. Schon bist du in Augenhöhe mit dem Berggipfel. In dir spürst du eine große Kraft. Wenn du wolltest, könntest du alle kleinen Wesen unter dir mit Leichtigkeit zerquetschen. Da landet ein zarter, kleiner Vogel auf deiner Hand. Beschützend legst du die andere Hand über ihn, denn hier oben weht der Wind sehr stark. Du spürst den zarten, kleinen Körper und ein wunderbares Gefühl erfasst dich, als du erkennst, wie schön es ist, die Stärke zu nutzen, um Schwächere zu beschützen. Eine Weile bleibst du ganz ruhig stehen, genießt deine Stärke und das schöne Gefühl dabei. Der Vogel schmiegt sich in deine warme Hand.

Wieder lassen Sie Ihrem Kind eine Minute Zeit, diese Erfahrung zu verinnerlichen.

Der kleine Vogel zwitschert leise, du öffnest deine Hände und er flattert in die Luft. Kurz streicht er mit seinen Flügeln über deine Stirn. Dann fliegt er fort.
Du bemerkst, dass du wieder kleiner wirst. Die Welt um dich herum hat nach ein paar tiefen Atemzügen wieder ihre richtige Größe.
Aufmerksam betrachtet dich der Zauberbär. »Nun hast du erfahren, wie es ist, wenn man klein und schwach ist und die Großen fürchtet. Du hast aber auch erfahren, wie es ist, groß und stark zu sein. Du weißt nun, wie gut es ist, Stärke richtig zu nutzen, nämlich zum Schutz der Schwachen. Nutze dieses Wissen in deinem Leben. Immer wenn du dich klein und schwach fühlst, schließ die Augen und erinnere dich an das Gefühl der Größe und der Stärke. Und wenn du stärker bist als

alle anderen, dann sei nett zu ihnen und unterstütze sie, so gut
du kannst.«

Das willst du gerne tun.

Nun ist es Zeit, sich wieder auf den Zauberstab zu setzen. Du
hältst dich gut an Bärlin fest und … hui … geht es wieder hoch
hinauf in den Himmel. Auf dem Rückweg fliegt Bärlin allerdings
zwischen den Wolken hindurch, damit du nicht wieder nass
wirst. Ab und zu flattert ein kleiner Vogel neben euch hin und
her. Kommt er dir bekannt vor?

Nach einiger Zeit siehst du wieder die Dächer deiner Stadt
unter dir. Bärlin fliegt noch eine scharfe Kurve, dann landet
er sanft im Zimmer. Du schaust dich um und stellst fest, dass
dich dein Lichtzelt wieder einhüllt. Erstaunlicherweise hat es
während deiner Reise seine Farbe geändert und einen neuen,
wunderschönen Schimmer angenommen. Mit einem Lächeln
verabschiedet sich Bärlin von dir.

»Ich komme bestimmt bald wieder«, brummt er, hüllt sich in
seinen Umhang und verschwindet.

Du nimmst noch einige tiefe Atemzüge. Dabei lässt du dir deine
Reise noch einmal durch den Kopf gehen.

Lassen Sie hier Ihrem Kind noch 10 bis 15 Sekunden Zeit.

Nun ist es an der Zeit, in den Tag zurückzukehren. Du beginnst
dich zu dehnen und zu recken, atmest tief ein und aus und in
einem Moment, wenn du deine Augen öffnest, bist du wach und
frisch und bereit für den Rest des Tages.

Der Herzdiamant
(Den eigenen Wert erkennen)

Wenn Kinder Ablehnung erfahren, z. B. durch Spielkameraden, wird oft die Identität als wertvoller Mensch in Frage gestellt. In dieser Geschichte erfährt Ihr Kind, dass es immer wertvoll und liebenswert ist, auch wenn es mal ein »Nein« einstecken muss.

Die Fantasiereise:
Mach es dir bequem. Schließ deine Augen und spür in deinem Körper nach, ob alles so ist, wie es dir gefällt. Vielleicht möchtest du dich noch etwas zurechtrücken oder kratzen. Dann atmest du einige Atemzüge ganz ruhig und gleichmäßig in deinen Bauch. Dabei spürst du, wie sich dein Bauch hebt und senkt.
Nun spür in deinem Körper nach, ob alles gut ist. Jetzt kannst du deine Haltung noch verändern, wenn du möchtest. Atme ganz ruhig und gleichmäßig ein und aus. Lass deinen Atem so fließen, wie es für dich angenehm ist. Ja, so ist es gut.

Langsam beginnt dein Körper, sich zu entspannen. Alle Muskeln werden weich und locker. Auch dein Geist möchte sich nun entspannen und die Gedanken an Ereignisse und Personen loslassen. Um das zu erreichen, richtest du deine Aufmerksamkeit auf den Morgen, als du aufgestanden bist. Stell dir vor, wie du noch einmal durch den Tag gehst. Bei jedem Ereignis, an das du dich erinnerst, schwebt eine kleine Lichtkugel im Raum. Diese Lichtkugeln sammelst du ein und steckst sie in deine Tasche. So holst du alle Gedanken und Energien, die noch dort geblieben sind, zu dir zurück.

Auf diese Weise wird dein Kopf immer klarer und freier. Die Gedanken beginnen, sich aus deinem Kopf zu lösen und zum Himmel zu schweben. Du spürst, wie du dich mehr und mehr entspannst. Immer ruhiger und gleichmäßiger wird dein Atem, während du deinen Tag betrachtest.

Nicke bitte kurz mit deinem Kopf, wenn du alle Lichtkugeln eingesammelt und die Wanderung durch deinen Tag beendet hast.

Machen Sie hier eine kurze Pause. Nickt das Kind, lesen Sie weiter.

Fein. Nun ist es wieder Zeit, Bärlin, den Zauberbären, zu rufen. Nenne dreimal in Gedanken seinen Namen. Dann wird er da sein. Tatsächlich, da steht der Bär schon vor dir. Bärlin schüttelt seinen Umhang aus und etwas glitzernder Sternenstaub rieselt durch die Luft. Fasziniert betrachtest du das Glitzern des feinen Goldstaubes.

»Hallo«, begrüßt dich der Zauberbär. »Hast du Lust, mit mir einen Ausflug zu machen?

Ich habe gehört, du denkst manchmal, andere sind besser und liebenswerter als du. Ich weiß, das sind ganz geheime Gedanken. Du hast niemandem davon erzählt. Doch als Zauberbär kann ich in deinem Herzen lesen. Und da habe ich herausgefunden, dass du manchmal denkst, du bist nicht wertvoll genug, besonders, wenn jemand nicht mit dir spielen möchte oder die anderen dumm über dich lachen. Komm also mit, dann will ich dir ein Geheimnis zeigen.«

Der Zauberbär klatscht in seine Pfote und hält wieder seinen Zauberstab. Er wirbelt einmal damit in der Luft herum. Schon hüllt dich dein Lichtzelt ein.

»Das ist gut«, brummt Bärlin. »Atme tief das Licht ein, das dich jetzt umgibt. Lass es in deinen Körper hineinfließen und entspanne dich dabei noch tiefer. Schau, deine Füße sind schon ganz mit Licht gefüllt. Wie bei einer Flasche, die ich mit Wasser fülle, steigt das Licht in deinem Körper empor und füllt dich immer mehr aus. Spürst du die Wärme in den Füßen? Oder ist sie deutlicher in deinem Bauch? Während du das Licht in dich hineinatmest, wirst du ganz leicht. Das ist gut so, denn heute reisen wir auf eine andere Art als sonst. Heute reisen wir mit dem Sternenstaub.

Schau genau hin zu dem Sternenstaub. Wähle dir ein Teilchen aus. Ja, genau so. Nun stell dir vor, dieses Teilchen ist wie eine flache Scheibe. Atme tief ein.«

Der Bär berührt dich mit dem Zauberstab und … schwupp … sitzt du auf einer goldenen Scheibe. Dabei fühlst du dich leicht und gelöst. Von einer benachbarten Scheibe winkt Bärlin dir zu. Er streckt den Zauberstab nach vorn und schon beginnen die Scheiben, durch die Luft zu schweben. Kaum haben sie die Häuser der Stadt hinter sich gelassen, da werden sie schnell wie das Licht. Nie hättest du solch eine schnelle Reise für möglich gehalten. An Sternen und Planeten vorbei geht der Flug.

Du saust durch Nebelringe, die andere Planeten umgeben, an Kometen vorbei und landest plötzlich auf einem völlig unbekannten Planeten.

»Willkommen auf dem unsichtbaren Planeten«, ruft dir Bärlin zu und springt von seiner goldenen Scheibe. »Schließ einen Moment die Augen und stell dir vor, wie es hier aussehen soll. Möchtest du Wiesen und Wälder um dich herum haben, Berge oder lieber ein Meer mit einem Strand? Dieser Planet verwandelt sich, so wie du ihn gerne haben möchtest. Die Menschen auf der Erde können ihn nicht sehen und auch die Sternenforscher können ihn mit ihren Berechnungen nicht entdecken. Nur Zauberer wissen, wo er sich befindet und wie er zu erreichen ist.«

Du siehst dich auf dem Planeten um und entdeckst viele schöne Dinge. Lass dir einen Moment Zeit, alles in Ruhe zu betrachten. Atme dabei tief und gleichmäßig.

Lassen Sie Ihrem Kind hier ca. 30 Sekunden Zeit.

»Nun folge mir«, brummt der Zauberbär. Er führt dich einen schmalen Weg entlang, der nur zu erkennen ist, wenn man weiß, dass es ihn gibt. Plötzlich ist vor euch ein hohes Tor. Schau genau hin. Ist es aus Stein oder aus Holz?

Bärlin berührt es mit seinem Zauberstab und es öffnet sich. Ein wunderschöner Garten liegt dahinter. Der Bär führt dich hinein. Auf einem Rasen an einem Teich liegt eine Decke. Darauf stehen ein Picknickkorb, Gläser, ein Glaskrug mit Saft und viele leckere Sachen. Dort macht ihr es euch gemütlich und stärkt euch nach der langen Reise.

Nach einer Weile bemerkst du, dass viele Augenpaare dich beobachten. Vögel, Eichhörnchen, Kaninchen und andere Tiere sind herbeigekommen und sehen dich neugierig an. Ein Eichhörnchen hüpft auf die Decke. Es schnattert etwas in seiner Eichhörnchensprache. Bärlin antwortet in derselben Sprache und übersetzt dann für dich. »Die Tiere wollen wissen, warum ich dich hierher gebracht habe. Das willst du bestimmt auch wissen, oder? Ich habe dem Eichhörnchen erzählt, dass die Kinder auf der Erde manchmal nicht mit dir spielen wollen und du deshalb befürchtest, nicht gut zu sein. Ist das so?«

Du denkst einen Moment über die Frage nach. Ja, es kommt schon vor, dass die Kinder, mit denen du spielen möchtest, nichts von dir wissen wollen und dich nicht mitspielen lassen. Du weißt dann nicht, was du machen sollst. Wenn du ihr Spiel störst oder etwas kaputt machst, mögen sie dich noch weniger. Wenn du alles tust, was sie von dir verlangen, nur damit du dabei sein kannst, fühlst du dich auch schlecht. Manchmal denkst du wirklich, etwas an dir ist falsch oder einfach nicht liebenswert.

»Komm und schau mal«, sagt der Bär und führt dich an den Teich. An dieser Stelle bilden die gelben Blüten des Wasserkännchens, einer Art Miniseerose, einen Kreis. Darin kannst du dich spiegeln. Bärlin berührt eine der Blüten mit seinem Zauberstab. Dann greift er zu einem Zweig, der ins Wasser reicht, und hebt das spiegelnde Wasser wie einen echten Spiegel hoch. Nun kannst du dich vollständig darin sehen.

Du betrachtest dich genau. Ein freundliches Gesicht lächelt dich im Spiegel an. »Wer so lieb und freundlich lächelt, mit dem mag man gerne spielen«, denkst du. Dein Blick wandert etwas tiefer. Doch anstatt deines Pullovers siehst du etwas anderes. Du siehst in deinen Körper hinein. Doch keine Organe sind dabei zu entdecken. Nein, in der Mitte deiner Brust ruht ein strahlender Diamant. Ganz hell leuchtet er, so schön, wie du es nie für möglich gehalten hättest. Dein Diamant ist sehr groß, und während du ihn bewundernd betrachtest, scheint er noch etwas größer zu werden.

»Sieht du«, brummt Bärlin dir zu. »Darum waren die Tiere so erstaunt. Sie können deinen Herzdiamanten sehen und erkennen dadurch, was für ein wertvolles und liebenswertes Kind du bist. Sie alle wollen gern mit dir spielen. Hast du Lust dazu?«

Natürlich! Du wirfst noch einen letzten staunenden Blick auf deinen Diamanten. Du fühlst dabei eine ganz neue Freude in dir. Dann läufst du zu den Tieren, um mit ihnen zu spielen.

Geben Sie Ihrem Kind hier 30 Sekunden bis eine Minute Zeit.

Bärlin ruft dich. Es ist Zeit zurückzukehren. Du verabschiedest dich von deinen neuen Freunden.

»Komm bald wieder und bleib einfach, wie du bist. Du musst dich nicht verstellen, damit andere dich mögen. Denk einfach an deinen Diamanten«, sagt das Eichhörnchen zum Abschied.

Mit einem Schwung des Zauberstabes versetzt Bärlin euch wieder auf die goldenen Scheiben aus Sternenstaub. Hui, schon saust ihr erneut durch das Weltall zurück zur Erde. Der Flug kommt dir recht kurz vor, denn plötzlich landet ihr wieder in deinem Lichtzelt. Die goldenen Scheiben sind nur noch feiner Staub, der langsam zu Boden sinkt.

»Ruh dich noch einen Moment aus und denke noch mal an deinen Herzdiamanten«, rät Bärlin. »Ich mache mich wieder auf den Weg. Es war wieder ganz toll, mit dir zu reisen.«

Der Zauberbär hüllt sich in seinen Umhang und – ist verschwunden.

Du legst sanft deine Hand auf deine Brust. Mit einem tiefen Atemzug stellst du dir noch einmal vor, wie schön dein Herzdiamant strahlt. Du spürst die Freude darüber in dir, wie bei einem neuen Geschenk. Dann beginnt das Lichtzelt zu verblassen. Du fängst an, dich zu rekeln und zu strecken, zappelst einmal mit Armen und Beinen und öffnest die Augen. Noch einmal atmest du tief ein und aus. Dann bist du wieder ganz wach, frisch und munter.

Der Garten der Begegnung
(Verlust und Sehnsucht mildern)

In der heutigen Zeit erleben viele Kinder die Trennung ihrer
Eltern. Im besten Fall trennen sich Vater und Mutter einver-
nehmlich und der Kontakt des Vaters (meistens bleiben die
Kinder bei der Mutter) bleibt erhalten. Doch leider ist dies nicht
immer der Regelfall. Oft endet eine Ehe mit sehr schmerzhaften
Kämpfen, in die leider auch die Kinder mit einbezogen werden.
Kinder sind aber immer solidarisch zu beiden Elternteilen, selbst
wenn einer sich gewalttätig zeigte oder auf andere Weise ein
Elternteil und Kinder verletzt hat.
Nicht immer ist der Kontakt so möglich, wie es für das Kind
wünschenswert wäre.
Bärlin, der Zauberbär, bietet Ihrem Kind in solch einem Fall den
Garten der Begegnung an. So kann es auf fantasievolle Weise
eine Begegnung erleben, die in der realen Welt vielleicht nicht
oder nur schwer möglich ist.
Ich wähle für die Geschichte den Vater aus, den das Kind im
Garten trifft. Sie können hier jedoch ganz frei nach persönlicher
Lage in der Familie den Begriff austauschen.

Die Fantasiereise:

Mach es dir bequem und atme einige Atemzüge ganz ruhig und gleichmäßig ein und aus. Nun spür in deinem Körper nach, ob alles gut ist. Jetzt kannst du dich noch zurechtrücken, wenn du möchtest. Atme ganz ruhig und gleichmäßig ein und aus. Lass deinen Atem so fließen, wie es für dich angenehm ist. Ja, so ist es gut.

Langsam beginnt dein Körper, sich zu entspannen. Alle Muskeln werden weich und locker. Auch dein Geist möchte sich nun entspannen und die Gedanken an Ereignisse und Personen loslassen. Um das zu erreichen, richtest du deine Aufmerksamkeit auf den Morgen, als du aufgestanden bist. Stell dir vor, wie du noch einmal durch den Tag gehst. Bei jedem Ereignis, an das du dich erinnerst, schwebt eine kleine Lichtkugel im Raum. Diese Lichtkugeln sammelst du ein und steckst sie in deine Tasche. So holst du alle Gedanken und Energien, die noch dort geblieben sind, zu dir zurück.

Auf diese Weise wird dein Kopf immer klarer und freier. Die Gedanken beginnen, sich aus deinem Kopf zu lösen und zum Himmel zu schweben. Du spürst, wie du dich mehr und mehr entspannst. Immer ruhiger und gleichmäßiger wird dein Atem, während du deinen Tag betrachtest.

Dein Körper wird auf diese Weise angenehm müde und schwer. Eine wohlige Wärme breitet sich in dir aus. Es ist fast so, als hättest du eine kleine Sonne in deinem Oberbauch, die ihre warmen Strahlen in alle Richtungen schickt und dich von innen erwärmt. Immer wärmer, immer wohliger. Und doch sind deine Ohren ganz aufmerksam und lauschen meinen Worten. Ja, und auch du selbst bleibst bei aller warmen Gemütlichkeit aufmerksam, um das Neueste von Bärlin, dem Zauberbären, zu hören.

Ganz entspannt bist du. Nun rufst du dreimal Bärlin bei seinem Namen. Hopps, da ist er ja schon.

Was trägt Bärlin denn da bei sich? Das sieht ja aus wie eine Heckenschere!

»Bärlin, was machst du denn mit der Heckenschere?«, fragst du den Zauberbären ganz neugierig.

»Ach, natürlich eine Hecke schneiden«, lacht der Bär. »Ich war gerade so schön dabei, da hast du mich gerufen. Manchmal helfe ich dem Gärtner im Garten der Begegnung. Da ist immer viel zu tun.«

Garten der Begegnung, das klingt interessant. Vielleicht ist das genau der Ort, den du gerade brauchst. Bärlin brummt leise vor sich hin.

»Nun, ich glaube, ich weiß, was du gerade denkst. Seit dein Vater nicht mehr hier wohnt und du ihn nicht mehr so häufig treffen kannst, bist du oft traurig. Stimmt's?«

Du nickst. Dass Mama und Papa nicht mehr zusammen sein wollen, tut dir weh. Du verstehst nicht, warum das so ist. Manchmal ist die Welt der Erwachsenen einfach zu kompliziert. Es gab sogar mal eine Zeit, da hast du gedacht, Mama und Papa streiten deinetwegen. Doch inzwischen hast du erkannt, dass du gar nichts für diese Situation kannst.

»Schau«, ergänzt Bärlin seine Rede, »was auch immer da mit deiner Mama und deinem Papa los, da können wir nichts dran ändern. Das müssen die selber regeln, so wie du Streitigkeiten mit deinen Geschwistern oder Freunden auch selbst regeln musst. Aber eines darfst du nie vergessen: Sie haben dich immer lieb. Alle beide! Nur können sie es dir nicht immer zeigen. Erwachsene sind so. Da helfen nur Geduld – und der Garten der Begegnung. Willst du da hin?«

Du nickst und Bärlin lässt dein Lichtzelt um dich herum entstehen. Tief atmest du das wundervolle Licht in dich ein. Du fühlst eine tiefe Ruhe, die sich vom Bauch aus in deinem ganzen Körper ausbreitet. Alle Sorgen und alle Ängste sind plötzlich weit weg. Sie können nicht mit hinein in dein Lichtzelt.

Du schaust dir die Wände des Lichtzeltes genau an. Da entdeckst du eine Tür, die früher nicht dort gewesen ist. Eine wunderschöne Rose ist darauf zu sehen. Du gehst auf die Tür zu. Wie sie sich wohl öffnen lässt? Es ist gar kein Türgriff zu erkennen.

»Denke einfach an den Menschen, den du gerne im Garten treffen möchtest«, hörst du die Stimme des Zauberbären.

Das tust du und die Tür öffnet sich ganz von selbst. Schon stehst du in einem Garten. Blumenbeete, Bäume und Hecken kannst du sehen und da ist auch der Zauberbär. Mit seiner Heckenschere stutzt er ein paar wilde Zweige.

»Geh einfach diesen Weg entlang. Dein Vater erwartet dich schon. Dann hab ihr Zeit zum Reden und zum Spielen.«

Du folgst dem Weg tief hinein in den Garten. Dabei kommst du an einem Bach vorbei, auf dem lustige Schiffchen schaukeln, und in der Nähe kannst du einen Spielplatz sehen.

»Wenn Papa wirklich hier ist«, denkst du, »können wir da ja zusammen hingehen.«

Und tatsächlich, auf einem Rasen wartet dein Vater. Er hat einen Picknickkorb dabei. Das ist ja toll! Nun hast du Zeit, dich mit ihm zu unterhalten und zu spielen. In deiner Fantasie kannst du dir nun ausmalen, was du mit deinem Vater im Garten der Begegnung unternimmst, was ihr spielt und worüber ihr euch unterhaltet. Ich bin in der Zwischenzeit ganz leise, bis Bärlin, der Zauberbär, dich wieder abholt.

Lassen Sie Ihrem Kind ein bis zwei Minuten Zeit der Stille, um einen Tagtraum zu entwickeln und die Begegnung auskosten zu können.

Du hast nun mit deinem Vater eine wunderschöne Zeit verbracht.

Lustig pfeifend kommt Bärlin, der Zauberbär, zu euch. »Nun, ihr zwei, das ist doch eine schöne Möglichkeit, sich hier zu treffen, oder? Hier ist es immer so schön friedlich und alles, was ihr braucht, ist vorhanden. Dort hinten gibt es sogar ein Baumhaus.« Der Bär zeigt zu einer großen Eiche.

»Wenn ihr euch das nächste Mal trefft, dann vielleicht, um dort zu spielen. Oder am Badesee, da ist es auch schön. Nun ist es aber Zeit zurückzukehren.«

Du verabschiedest dich mit einer herzlichen Umarmung von deinem Vater. Nun, da du weißt, dass du ihn hier zu jeder Zeit treffen kannst, fällt dir auch das Warten auf die nächste Begegnung in deiner Welt nicht mehr so schwer. Und wenn du ihm etwas Wichtiges zu sagen hast, er aber im Moment nicht erreichbar ist, dann gehst du einfach in den Garten der Begegnung und erzählst es ihm hier schon einmal – und dann später einfach noch mal.

Bärlin begleitet dich nun zurück zu deinem Lichtzelt.

»Ich will noch etwas Hecken schneiden«, grinst er.

Du ruhst dich noch einen Moment in deinem Lichtzelt aus und spürst in dir die Freude über den Garten der Begegnung.

Dann dehnst und rekelst du dich, atmest tief ein und aus und kommst fröhlich zurück in deinen Tag.

Übungen für mehr Mut und Stärke

Nicht nur die Fantasiereisen helfen Ihrem Kind Kraft, Mut und Stärke zu finden und sich seiner selbst bewusst zu sein, auch die hier vorgestellten Übungen tragen dazu bei. Anfangs können Sie sie gemeinsam mit Ihrem Kind machen. Ist es dann schon vertraut mit ihnen, kann es sie auch allein ausführen.

Hu-Atmung (Utthita-Lolasana-Variation)

Für diese Übung stellt man sich leicht breitbeinig hin. Dann atmet man tief durch die Nase ein, während man die Arme weit über den Kopf hebt. Nun lässt man den Oberkörper und die Arme mit Schwung nach vorne zwischen die Beine schnellen. Dabei laut und tief aus dem Bauch durch den Mund ausatmen und den Laut »Hu« intonieren.
Diese Übung können Sie gemeinsam mit Ihrem Kind ausführen. Sie hilft, Spannungen abzubauen. Sie kann auch den Ausbruch einer Erkrankung verhindern, wenn sie gleich bei den ersten Anzeichen von Unwohlsein ausgeführt wird.

Yogaübung »Der Schwamm« zur Entspannung

Mit dieser Übung konzentriert sich Ihr Kind ganz auf seinen Körper und entspannt dabei. Lassen Sie Ihr Kind auf den Rücken liegen und lesen Sie dann folgenden Text:

Lesen Sie die Anleitung mit ruhiger Stimme.

»Leg dich gestreckt auf den Rücken, die Beine sind leicht gespreizt.
Streck deine Zehen und atme dabei gleichmäßig tief ein und aus. Zähle beim Einatmen langsam und rhythmisch eins-zwei, beim Ausatmen drei-vier, beim Einatmen fünf-sechs, beim Ausatmen sieben-acht. Dann entspanne die Zehen wieder.
Zieh den ganzen Fuß nun Richtung Kopf, die Fersen bleiben am Boden. Atme und zähle wie beschrieben.
Hebe die Füße leicht vom Boden und drücke die Kniekehlen an den Boden. Atmen und zählen, lösen und entspannen.
Zieh den Bauch kräftig ein. Atmen und zählen, lösen und entspannen.
Drücke den Rücken fest an den Boden. Atmen und zählen, lösen und entspannen.

Mach ein Hohlkreuz und streck die Brust heraus. Atmen und zählen, lösen und entspannen.

Streck die Arme mit den Handflächen nach unten. Zieh dann die Finger zum Handrücken hoch. Atmen und zählen, lösen und entspannen.

Beuge die Ellenbogen und biege die Hände an den Gelenken nach außen. Atmen und zählen, lösen und entspannen.

Nun mach eine Faust und breite die Arme langsam aus, bis sie auf Schulterhöhe sind. Übe dabei einen starken Gegendruck aus, so als würde etwas die Bewegung verhindern wollen. Dabei normal atmen.

Zieh als Nächstes die Schulterblätter zusammen. Atmen und zählen, lösen und entspannen.

Zieh die Schultern zu den Ohren. Atmen und zählen, lösen und entspannen.

Zieh die Mundwinkel nach unten. Atmen und zählen, lösen und entspannen.

Drück die Zungenspitze gegen den Gaumen. Atmen und zählen, lösen und entspannen.

Spitze den Mund, schließ fest die Augen und zieh die Nase kraus. Atmen und zählen, lösen und entspannen.

Dehne dein ganzes Gesicht mit einem breiten Lächeln. Atmen und zählen, lösen und entspannen.

Gähne ausgiebig, jedoch wie gegen einen Widerstand an.

Drück den Kopf fest auf den Boden. Atmen und zählen, lösen und entspannen.

Runzel die Stirn und bewege dabei die Kopfhaut hin und her. Zieh den Kopf in den Nacken.

Roll die Augen dreimal rechts herum, dreimal links herum, mehrmals nach oben und unten, nach links und rechts und in beide Diagonalen.

Lass alles locker sein und schließ die Augen. Stell dir vor, du sinkst in den Boden und wirst vom ihm liebevoll aufgenommen. Bleib mindestens 15 Minuten liegen.«

Atmen Sie anfangs mit Ihrem Kind mit, sodass es in den Rhythmus kommt.

Mutmachübungen

Wir haben in unserem Leben oft am eigenen Leib erfahren, wie sehr Misserfolge unser Selbstwertgefühl untergraben. Ist uns mehrmals hintereinander etwas misslungen, beginnen wir, an uns selbst zu zweifeln. Wie viel verheerender wirken sich wiederholte Misserfolge auf ein Kind aus, das zu Beginn seiner Schullaufbahn noch nicht gelernt hat, diese als Rückmeldung auf dem Weg zu anderen Lösungen zu werten, sondern Fehler vielmehr als Mangel seiner Persönlichkeit betrachtet.

Durch spielerische Übungen kann Ihr Kind sein Selbstvertrauen stärken.

Daher ist Lob so ungeheuer wichtig, wollen wir das Selbstwertgefühl unseres Kindes festigen. Ihr Kind braucht dann besonders Rückhalt, wenn ihm der Einstieg in den Schulalltag schwerfällt oder es in einem Fach Schwierigkeiten hat, welches anderen Kindern leicht fällt.

Therapien lösen bei Kindern oft das Gefühl aus, nicht in Ordnung und damit weniger liebenswert zu sein. Bieten Sie Übungen daher nicht als Therapie an. Fragen Sie einfach: »Wollen wir etwas spielen, damit dir das Lernen leichter fällt?« Denn »spielen« ist ein Zauberwort.

Da körperliche Entwicklung und Lernfähigkeit miteinander verbunden sind, gibt es eine Reihe von Körperübungen, die Ihrem Kind helfen, sich mit sich selbst verbunden zu fühlen und seine geistigen Qualitäten zu erweitern. Wenn diese spielerisch in den Tag eingebaut werden, können Probleme gelöst werden, ohne dem Kind das Gefühl zu vermitteln, es sei fehlerhaft. Eine Auswahl davon möchte ich Ihnen im Folgenden gerne vorstellen.

Tricks für Angsthasen

Wenn Ihr Kind oft unter Unsicherheiten und Ängsten leidet und sich häufig Sorgen macht, sind Übungen gut, die die innere Spannung lösen und mehr Sicherheit vermitteln.

Die Eule

Diese Übung kann im Sitzen oder im Stehen gemacht werden.
Wichtig ist, dass beide Füße auf dem Boden stehen.
Dann greift die rechte Hand um den Oberkörper zur linken
Schulter und umfasst diese. Dabei wird eingeatmet.
Nun wird der Kopf langsam nach rechts gedreht und dabei aus-
geatmet. Der Kopf soll gerade gehalten werden.
Dann den Kopf wieder nach vorne drehen, einatmen, den Arm
lösen, ausatmen und die Übung mit dem anderen Arm wiederholen.
Zum Abschluss werden beide Arme so um den Körper geschlun-
gen, dass die Finger den Rand der Schlüsselbeine in der Nähe
der Achselhöhlen berühren. Hier liegen die Harmoniepunkte,
die für innere Ausgeglichenheit sorgen.

> **»Die Eule« ist eine Übung aus der Kinesiologie.**

Die Zauberbox

Die Zauberbox ist eine fantasievoll gestaltete Schachtel. Was
darin liegt, ist absolut privat. Ihr Kind malt oder schreibt seine
Sorgen und Befürchtungen auf Zettel, die es in die Box legt. Nun
braucht es sich nicht mehr um das Problem zu kümmern. Das
erledigt der Geist der Box. Nach ein paar Tagen leert es die Box,
zerreißt die Zettel in ganz kleine Schnipsel und spült sie die Toi-
lette herunter. Dann macht es einen Freuden-Siegestanz. Dabei
wird gehüpft und gesprungen, werden laute Geräusche gemacht
und die Ellenbogen über Kreuz zu den Knien geführt.
Gestalten Sie die Zauberbox zusammen mit Ihrem Kind und
zeigen Sie ihm einmal den Tanz. Dann darf es selbst bestimmen,
was in die Box kommt und wann sie geleert wird. Einmal in
der Woche ist ein guter Zeitpunkt dafür. Wichtig ist, dass Sie
niemals in diese Box hineinsehen. Auch wenn Sie wissen wollen,
was Ihr Kind bedrückt. Greifen Sie dafür bitte auf die Teddy-

methode zurück (siehe Seite 14), sonst zerstören Sie eine wichtige Vertrauensbasis!

Das Fingerspiel

Hier werden einfach und spielerisch einzelne Finger mit einer Hand umschlossen. Oft tun Kinder dies ganz unbewusst. Diese Fingerhaltungen helfen, innere Spannungen zu lösen.

Bei Verzweiflung: Der Daumen der einen Hand liegt im Mittelpunkt der anderen Handfläche. Die Finger dieser Hand liegen locker auf dem Daumen. Nach ein paar Minuten wechseln.

Bei Sorgen: Die Finger der einen Hand umschließen sanft den Daumen der anderen Hand. Nach ein paar Minuten wechseln.

Bei Trauer: Die Finger der einen Hand halten den Ringfinger der anderen. Nach ein paar Minuten wechseln.

Bei festsitzender Wut: Die Finger der einen Hand halten den Mittelfinger der anderen Hand. Nach ein paar Minuten wechseln.

Bei Angst: Die Finger der einen Hand halten den Zeigefinger der anderen Hand. Nach ein paar Minuten wechseln zur anderen Hand.

Diese Fingerübungen kommen aus dem Jin Shin Jyutso, einer japanischen Heilmethode zur Harmonisierung der Lebensenergie.

Wenn Ihr Kind leicht verurteilt und immer im Recht sein will sowie leicht pessimistisch ist, probieren Sie Folgendes: Die Finger der einen Hand halten den kleinen Finger der anderen Hand. Nach ein paar Minuten wechseln.

Wunderbar ist, dass diese Übungen völlig unauffällig überall ausgeführt werden können.

Die Zauberkreisübung des Zauberbären

Der Zauberkreis ist eine Übung, die Ihrem Kind ermöglicht, Fähigkeiten, die es in bestimmten Situationen ganz selbstverständlich nutzt, in andere Situationen, in denen es bisher keinen

Zugang zu diesen Fähigkeiten hatte, zu übertragen. Dazu erzähle ich Ihnen ein Beispiel aus meiner Praxis.

Melanie, acht Jahre alt, war ein Mädchen, das sich leicht verunsichern ließ. Viele Dinge und Situationen ängstigten sie. Sie war still in der Schule und fand nur schwer Freunde. Zu Hause zeigte sie eine ganz andere Seite ihrer Persönlichkeit. Hier konnte sie sehr laut und aggressiv sein, wenn etwas nicht nach ihren Wünschen ging. Melanie hatte regelmäßig Bauchschmerzen, wenn sie zur Schule ging. Das war auch schon im Kindergarten so. Manchmal kam plötzlicher Durchfall oder Übelkeit dazu. Der Kinderarzt konnte keine organischen Ursachen finden. »Sie ist wohl etwas zu sensibel«, sagte er der Mutter. Als Melanies Mutter von meiner Yogagruppe für Kinder hörte, rief sie mich an. Auch hier war Melanie zuerst sehr still. Während der ersten Stunde musste die Mutter dableiben. Melanie lernte spielerisch Übungen, die ihr inneres Gleichgewicht stärkten. Doch in diesem Fall war das nicht genug. Und so lernte Melanie zaubern.

Zuerst ließ ich Melanie auf einen Bogen Papier kleine Bildchen zeichnen von Orten und Situationen, in denen sie sich unsicher fühlte und Bauchschmerzen hatte. Diesen Bogen Papier legte sie dann auf den Boden und zog mit einem Wollfaden einen Kreis darum. Wir nannten ihn den »alten Kreis«.

Auf die gleiche Weise verfuhren wir mit Situationen, in denen sie sich vollständig sicher und selbstbewusst fühlte. Diesen Kreis legte Melanie genau neben den anderen. Die Wolle hatte eine andere Farbe, um den Unterschied zwischen den Kreisen visuell deutlich zu machen.

Dann bat ich sie, in den zweiten Kreis, den Zauberkreis, hineinzutreten. Sie sollte sich nun in die positiven Situationen versetzen und die Gefühle von Sicherheit und Geborgenheit, von Fröhlichkeit und Vertrauen tief in sich spüren. Dabei durfte sie sich auch Situationen ausdenken, die diese Gefühle noch intensivierten. Melanie stellte sich vor, sie wäre eine Königin und die Mädchen in der Schule ihre Zofen.

Der Zauberkreis hilft Kindern, Kraft aus erlebten positiven Situationen zu schöpfen.

Melanie stand nun aufrecht und mit einem Lächeln auf den Lippen im Kreis. Ich bat sie, diese positiven Gefühle wie Samenkörner in ihrer linken Faust zu verschließen und mit einem großen Schritt in den »alten Kreis« zu treten.

Nun sollte sie sich die alten Situationen mit den neuen, positiven Gefühlen vorstellen und ganz am Schluss die Samenkörner im Kreis verstreuen.

Ich fragte sie: »Wie ist das, wenn du dich in der Schule gut fühlst, sicher und anerkannt? Stell dir das mal genau vor und bleibe dabei ganz in deinen guten Gefühlen aus dem Zauberkreis.«

So ging sie mit den positiven Gefühlen in der Vorstellung durch alle unangenehmen Situationen und stellte auf diese Weise für das Unterbewusstsein eine Verknüpfung her. Ich ließ sie sich neue, positive Ereignisse in den bislang unangenehmen Situationen vorstellen, sodass ihr Unterbewusstsein umlernen konnte. Nachdem sie die Samenkörner der guten Gefühle verstreut hatte, trat sie aus dem Kreis ins »neutrale Land«. Hier schüttelte sie sich kurz aus, um die Gefühlsschleife zu unterbrechen, und ich stellte eine belanglose Frage zu ihrem Kaninchen, um ihre Gedanken von den Vorgängen zu lösen. Dann ließ ich sie alles noch zweimal wiederholen.

Der Zauberkreis verstärkt positive Gefühle Ihres Kindes, die es dann in schwierigen Situationen wieder wachrufen kann.

Den Wollfaden des Zauberkreises nahm Melanie mit nach Hause. Für einige Wochen legte sie ihn jeden Morgen aus und tankte gute Gefühle für den Tag. Das Lichtzelt von Bärlin, dem Zauberbären, welches sie in der Yogastunde kennen gelernt hatte, diente ihr als Schutzmantel. Nach drei Monaten waren die Bauchschmerzen verschwunden und Melanie begann, sich zu verabreden.

Kinder lieben Zauberei und sind sehr mit fantasievollen Abenteuern beschäftigt. Daher fällt alles, was sie fantasievoll unterstützt, auf fruchtbaren Boden.

Zeigen Sie Ihrem Kind die Übung mit dem Zauberkreis, Sie werden es erleben.

Worauf Sie achten sollten:

- Es darf nur vom Zauberkreis aus in den alten Kreis getreten werden, nicht anders herum. Darum ist nach dem alten Kreis das »neutrale Land« wichtig.
- Unterbrechen Sie den körperlichen und den geistigen »Anker« durch belanglose Bemerkungen, Fragen und Bewegung.
- Achten Sie darauf, dass die Haltung und der Gesichtsausdruck ein deutliches Erspüren positiver Gefühle zeigen, bevor das Kind in den »alten Kreis« tritt.
- Lassen Sie sich Zeit.
- Haben Sie Spaß.

Natürlich ist diese Übung nicht nur für Kinder geeignet. Auch wir Erwachsenen erleben immer wieder einmal Situationen, in denen wir nicht unser volles Potenzial entfalten können. Nutzen Sie doch einfach den Zauberkreis auch für sich selbst.

Literatur zum Weiterlesen

Benesch, Horst: Gesunde Kinder mit EFT. Mit Klopfakupressur emotionale und körperliche Probleme lösen. Kösel, 2006

Decker, Franz Prof. Dr. / Bäcker, Brigitte: Kinesiologie mit Kindern. Urania, 2005

Kopp-Duller, Astrid: Legasthenie und LRS. Der praktische Ratgeber für Eltern. Herder Spektrum, Freiburg, 2003

Raschendorfer, Nicola / Zajicek, Sabine: Dyskalkulie – Wo ist das Problem? Mit Hilfen für den Unterrichtsalltag. Verlag an der Ruhr, 2006

Literatur zum Weiterlesen für gestresste Eltern

Christiansen, Andrea: Das Balu-Prinzip. Nymphenburger, 2008